WELT
WUNDER

www.oloeditions.com
115, rue d'Aboukir
75002 Paris, Frankreich

KONZEPTION
Nicolas Marçais

GRAFISCHE GESTALTUNG
Philippe Marchand

TEXT
Christopher Westhorp

REDAKTION DER FRANZÖSISCHEN AUSGABE
Diane Routex

Übersetzungsrechte vermittelt durch Manuela Kerkhoff - International
Book Marketing

73760 Ostfildern,
Marco-Polo-Straße 1
1. Auflage 2013

REDAKTION DER DEUTSCHEN AUSGABE
Jens Bey, Stuttgart

ÜBERSETZUNG
Frank Druffner, Stuttgart

COVER-GESTALTUNG
Südgrafik, Stuttgart

ISBN: 978-3-7701-8939-7
Printed in Singapore

SCHÄTZE DER MENSCHHEIT
VON DER STEINZEIT BIS HEUTE
BAUWERKE, MONUMENTE, STÄDTE

WELT WUNDER

OR

RT

Von steinzeitlichen Zeichnungen voller Magie an den Wänden eines Höhlenkomplexes in Europa bis zu den im 21. Jahrhundert aus Glas und Stahl errichteten Wolkenkratzern in der Arabischen Wüste reicht der Bogen, den dieses Buch schlägt. Rund 90 Orte auf sechs Kontinenten stellt es vor, und sie alle stehen für Tatkraft und den menschlichen Erfindungsgeist.

Auch wenn es praktisch unmöglich ist, alle bedeutenden architektonischen Schöpfungen der Welt in einem einzigen Band vorzustellen, so hat das vorliegende, prachtvoll bebilderte Buch doch einen globalen Fokus. Es beschreibt die gesamte Bandbreite von Bautypen, -formen und -materialien und präsentiert Bauwerke, die politischen, religiösen, militärischen oder kommerziellen Zwecken dienen. Ob traditionelle Gebäude einzelner Regionen oder prunkvolle Paläste, Tempel, Moscheen oder Kirchen, sie alle kommen ebenso vor wie Gärten und Mausoleen, Burgen und Plätze, Landsitze und Stadtensembles, Brücken und monumentale Skulpturen.

Viele der Bauwerke illustrieren das menschliche Bedürfnis, eine Verbindung mit dem Sakralen aufzunehmen und Orte der kultischen Verehrung zu schaffen. Andere bringen abstrakte Ideen wie den universellen Willen nach Freiheit zum Ausdruck, während einige wenige ihr Dasein vor allem dem Wunsch nach Repräsentation verdanken. Manche Orte werden ihre Schöpfer und Erbauer nie preisgeben, während andere mit berühmten Baumeistern und Architekten aufwarten.

Die Auswahl umfasst die rätselhaften Steinzeitmonumente von Stonehenge und Carnac, die auf ewigen Ruhm gottgleicher Herrscher ausgerichteten Bauten von Gizeh und Abu Simbel, Höhepunkte der Wasserbaukunst in Petra, Meisterleistungen der Ingenieurbaukunst wie den Eiffelturm oder die Golden Gate Bridge, nationale Ikonen wie das Opernhaus in Sydney oder Burgen und Schlossanlagen wie die Alhambra oder das bayerische Märchenschloss Neuschwanstein, das Walt Disney nachhaltig beeindruckte. Manche der Orte sprechen trotz großen zeitlichen Abstands noch immer machtvoll zu uns: Wir können uns die Todesangst vorstellen, der die Einwohner von Pompeji ausgesetzt gewesen sein müssen, wir erfreuen uns an den wunderbaren Motiven in Córdobas Mezquita und wir empfinden Sympathie mit dem trauernden Gatten, der für seine geliebte Ehefrau das Grabmal Taj Mahal errichten ließ.

Daneben stoßen wir auf die symbolhaften Zeugen eines Erbes der Weltkultur: die Akropolis in Athen, die Peterskirche in Rom oder die Verbotene Stadt in Peking – was auf den folgenden Seiten wartet, ist eine Reise zu einigen der schönsten und wertvollsten Schätze der menschlichen Kultur.

8 TEMPEL VON RAMSES II., Abu Simbel, Ägypten
10 MACHU PICCHU, Peru
12 ANGKOR WAT, Angkor, Kambodscha
16 PAGAN, Mandalay, Myanmar
18 STADTANLAGE VON PETRA, Jordanien
22 KOLOSSEUM, Rom, Italien
24 KLOSTER ROUSSANOU, Meteora, Griechenland
26 GESCHICHTSPARK AYUTTHAYA, Ayutthaya, Thailand
28 HAGIA SOPHIA, Istanbul, Türkei
32 RAPA-NUI-NATIONALPARK, Osterinsel, Chile
34 ALHAMBRA, Granada, Spanien
36 CHEOPS-PYRAMIDE, Gizeh, Ägypten
38 BOROBUDUR, Java, Indonesien
42 TAL VON M'ZAB, Gardaïa, Algerien
44 PETERSDOM, Vatikanstadt

48 STONEHENGE, Wiltshire, England
50 POTALA-PALAST, Lhasa, Tibet/China
52 KARTHAGO, Tunis, Tunesien
54 PURA ULUN DANU BATUR, Bali, Indonesien
58 AKROPOLIS, Athen, Griechenland
60 CHÂTEAU DE CHENONCEAU, Frankreich
62 GROSSER BUDDHA VON LESHAN, Sichuan, China
64 SKYLINE VON MANHATTAN, New York City, USA
66 CHRISTUS-STATUE, Rio de Janeiro, Brasilien
68 VERBOTENE STADT, Peking, China
70 TAJ MAHAL, Agra, Indien
72 DIE NAZCA-LINIEN, Peru
74 LAGUNE VON VENEDIG, Venedig, Italien
76 CN TOWER, Toronto, Kanada
78 STEHENDE STEINE, Carnac, Frankreich

80 EIFFELTURM, Paris, Frankreich
84 FELSENDOM, Jerusalem, Israel
86 DELPHI, Parnass, Griechenland
88 BONIFACIO, Korsika, Frankreich
90 HISTORISCHES STADTZENTRUM FLORENZ, Italien
94 HASSAN-II.-MOSCHEE, Casablanca, Marokko
96 HEILIGE MOSCHEE, Mekka, Saudi-Arabien
98 BURG HIMEJI, Hyogo, Japan
100 MASADA, Totes Meer, Israel
102 VOLUBILIS, Marokko
104 BASILIKA NOTRE-DAME, Montréal, Kanada
106 FREIHEITSSTATUE, New York City, USA
108 ZITADELLE VON BUCHARA, Buchara, Usbekistan
110 GEORGSKIRCHE, Lalibela, Äthiopien
112 PALENQUE, Chiapas, Mexiko

114 BEFESTIGUNGSANLAGEN VON ESSAOUIRA, Marokko
116 HEILIGER BERG VON SHATRUNJAYA, Gujarat, Indien
118 KÖNIGLICHE MOSCHEE, Isfahan, Iran
120 FORT AMBER, Jaipur, Indien
122 PERSEPOLIS, Fars, Iran
126 PIAZZA DEL DUOMO, Pisa, Italien
128 STUPAS VON INLE, Ywama, Myanmar
130 GROSSE MOSCHEE, Djenné, Mali
132 CHÂTEAU DE CHAMBORD, Frankreich
134 GROSSE MAUER, China
136 TOTENTEMPEL DER HATSCHEPSUT, Ägypten
138 KÖLNER DOM, Deutschland
140 SHWEDAGON-PAGODE, Rangun, Myanmar
142 ZIPSER BURG, Spišské Podhradie, Slowakei
144 SCHLOSS NEUSCHWANSTEIN, Deutschland
146 GROSSE MOSCHEE, Córdoba, Spanien
148 POMPEJI, Italien
150 GOLDEN-GATE-BRÜCKE, San Francisco, USA
154 MEDINA VON SOUSSE, Tunesien
156 TRAJANSBOGEN, Timgad, Algerien
158 LA SAGRADA FAMÍLIA, Barcelona, Spanien
162 BURJ KHALIFA, Dubai, Vereinigte Arabische Emirate
164 KATHEDRALE, Cuenca, Ecuador
166 AMPHITHEATER EL DJEM, Tunesien
168 OPERNHAUS SYDNEY, Australien
170 TERRAKOTTA-ARMEE, Xi'an, China
172 MOUNT RUSHMORE, South Dakota, USA
174 GESCHICHTSPARK SUKHOTHAI, Thailand
178 FELSENFESTUNG AUF DEM SIGIRIYA, Sri Lanka
180 WINTERPALAST, St. Petersburg, Russland
182 TEOTIHUACÁN, Mexiko
184 HÖHLE VON LASCAUX, Montignac, Frankreich
186 PIAZZA DEL CAMPO, Siena, Italien
188 UNGARISCHES PARLAMENTSGEBÄUDE, Budapest, Ungarn
190 OASENSTADT AL AIN, Vereinigte Arabische Emirate
192 MONT SAINT-MICHEL, Normandie, Frankreich
194 TIAN TAN BUDDHA, Hongkong, China
196 FELSWOHNUNGEN, Kappadokien, Türkei
198 ROTER PLATZ, Moskau, Russland
200 CLIFF PALACE, Mesa Verde, USA
202 GRAND-PLACE, Brüssel, Belgien
204 AÏT BENHADDOU, Quarzazate, Marokko
206 EILEAN DONAN CASTLE, Kintail, Schottland

TEMPEL VON RAMSES II.

ABU SIMBEL, ÄGYPTEN

Als Zeichen seiner gottähnlichen Stellung ließ der große Krieger-König Ramses II. während seiner 67 Jahre währenden Regierungszeit (ca. 1297 bis ca. 1213 v. Chr.) den Tempel von Abu Simbel in den blanken Fels schlagen.

Die Anlage, die den Gottheiten Re-Harakhte, Amun-Re und Ptah geweiht war, wurde um 1250 v. Chr. vollendet. Sie befand sich im Grenzland zu Nubien und sollte die Macht und den Mut des Pharaos demonstrieren. Die Tempelfassade ist in den Berghang eingeschnitten, neben dem Portal erheben sich jeweils zwei kolossale, 21 Meter hohe Sitzstatuen des Pharaos. Im Inneren gelangt man in die fast zehn Meter hohe Haupthalle, deren Dach durch Pfeiler in Gestalt von Osiris gestützt wird, dem Gott des Jenseits. Von hier führen weitere Räume zu einem Schrein. Auch der Tempel von Abu Simbel enthält, wie viele der von Ramses II. in Auftrag gegebenen Monumente, Darstellungen wichtiger Ereignisse aus seiner Regierungszeit.

Es war eine Meisterleistung der Ingenieurbaukunst, als in den 1960er-Jahren der Tempel – zusammen mit dem der Nefertari (der Hauptfrau Ramses') und dem von Philae – abgetragen und an einem höheren Standort wieder aufgebaut wurde. Sonst wären die Tempel nach dem Bau des Assuan-Staudamms im Nassersee versunken.

MACHU PICCHU
CUSCO, PERU

m Juli 1911 stieß der amerikanische Forscher Hiram Bingham in den Anden auf Ruinen, die er für die Überreste von Vilcabamba hielt, das letzte Widerstandsnest der Inkas gegen die Spanier. Tatsächlich hatte er aber die königliche Stadt Machu Picchu entdeckt, die heute als nbegriff der Inka-Zivilisation gilt.

Über dem Urubamba-Tal, n einer Höhe von 2400 Metern, wurde Macchu Picchu um 1450 erbaut. n der Stadt befinden sich Wohngebäude für die königliche Familie und ihr Gefolge, Tempel, Bäder, Plätze, Podien und andwirtschaftlich genutzte Terrassen. Sämtliche Gebäude waren in der für die nka typischen unverfugten Mauertechnik errichtet.

Die ursprünglichen Motive für den Bau der Stadt liegen im Dunkeln – vielleicht sollte sie nur als Rückzugsmöglichkeit aus dem übervölkerten Cuzco dienen. Der Schlüssel zur Stadtgründung könnte aber auch in der Kosmologie und Sakraltopographie iegen. Solche, in der Andenkultur *huaca* genannten Orte, besaßen eine besonders starke sakrale Kraft: Mehr als die Hälfte der Gebäude diente rituellen Zwecken. Einer älteren Theorie zufolge war Machu Picchu ein Heiligtum der Acclas (»Auserwählte ungfrauen«), weibliche Gefolgsleute von Inti, dem Sonnengott.

ANGKOR WAT

ANGKOR, KAMBODSCHA

Dieses Meisterwerk der Khmer-Architektur aus dem 12. Jahrhundert ist ein sakraler Mikrokosmos, ein regelrechter »Tempelberg«: Seine fünf Mitteltürme symbolisieren den Berg Meru, der in der indischen Mythologie die Weltachse und den Sitz der Götter im Zentrum des Universums darstellt.

Der religiöse Baukomplex von Angkor, der Hauptstadt des indisch geprägten Khmer-Reiches, wurde von König Suryavarman II. um 1113 in Auftrag gegeben. Es gibt Hinweise, dass der Komplex als Tempel und als Begräbnisstätte für seine Dynastie dienen sollte. Von seiner Ausdehnung und Pracht her lässt sich die Anlage ohne weiteres mit den größten Sakralbauwerken Südindiens vergleichen – Pilger, die ihn umrunden möchten, sind einige Kilometer unterwegs.

Ab dem 15. Jahrhundert verlor die Anlage an Bedeutung – der umgebende Dschungel begann sie zu überwuchern, das Wurzelwerk führt an vielen Stellen zu Mauerschäden (folgende Doppelseite). Einen gewissen Schutz bot ihr Wassergraben – ein Abbild der die Welt umgebenden Gewässer.

Populär wurde Angkor Wat in den 1860er-Jahren, als die Schriften des französischen Naturforschers Henri Mouhot posthum publiziert wurden. Der Autor erklärte, der Ort sei erhabener als alles, was die Griechen oder Römer hinterlassen hätten.

BAGAN

MANDALAY, MYANMAR

In den vergangenen 1500 Jahren sind ganze Königreiche entlang des Irrawaddy-Flusses im heutigen Myanmar (Burma) aufgeblüht und wieder zerfallen. Für die große Bedeutung dieser Kulturen steht Bagan, die atemberaubend schöne »Stadt der goldenen Tempel«.

Bagan war seit 849 die Hauptstadt eines Reiches im Zentrum von Myanmar und Sitz des Königshofs. Unter der Regierung von König Anawrahta (1044–1077) erlangte die Stadt ihre Vormachtstellung, die bis ins Jahr 1287 währte, als die Mongolen unter Kublai Khan in Bagan einfielen. Der König floh, der Niedergang der Stadt begann.

Der burmesischen Tradition zufolge ist es verdienstvoller, einen neuen Tempel zu gründen als einen bestehenden zu erhalten – dies mag erklären, dass es in Myanmar mehr Tempel und Pagoden *(zedi* oder *paya* genannt, nicht *stupa)* gibt als irgendwo sonst in der buddhistischen Welt. Allein in Bagan, der »Stadt der vier Millionen Pagoden«, befinden sich auf rund 40 Quadratkilometern mehr als 900 Tempel, 500 *zedi*, 400 Klöster, und zahllose Ruinen. Für den heutigen Besucher der einstigen Königsstadt ist der Höhepunkt eines jeden Tages der Sonnenuntergang über der Ebene von Bagan. Im weichen Licht leuchten dann die unzähligen erdfarbenen Bauten in einem erhabenen Glanz.

STADTANLAGE VON PETRA

PETRA, JORDANIEN

Jahrhundertelang war sie vergessen, die aus dem Fels gehauene Stadt, deren Name vom lateinischen Wort für Felsen, *petra*, kommt. Als einstige Hauptstadt der Nabatäer blickt sie auf eine rätselhafte, große Vergangenheit zurück.

Nur wenige Orte bieten einen ähnlich dramatischen Zugang: Nachdem man die südjordanische Wüste und die 1,5 Kilometer lange, enge Schlucht Siq durchquert hat, steht man plötzlich vor der prächtigen Fassade des Al Khazneh el Faroun (folgende Doppelseite). Dessen Name – Schatzhaus des Pharao – ist irreführend, denn vermutlich war der Raum dahinter keine Schatz-, sondern eine Grabkammer. Der Ausbau der Stadt Petra begann um das Jahr 600 v. Chr. Ihren Wohlstand verdankte sie den Weihrauchkarawanen und der Lage an einem Kreuzungspunkt der Handelsrouten zwischen Arabien, Ägypten, Palästina und Syrien.

Der Reichtum der Stadt floss zum Teil in den Bau von Tempeln, Theatern und Mausoleen. Kunstvoll angelegte Kanäle und Zisternen versorgten ungefähr 30 000 Einwohner mit Wasser. Petras Blütezeit war kurz (ca. 150 v. Chr. bis 150 n. Chr.), rasch wurde es von Rom annektiert und von den Handelswegen abgekoppelt. Weite Teile der Stadt sind noch heute unter Geröll und Sandverwehungen verborgen.

KOLOSSEUM
ROM, ITALIEN

Der Vergnügungspalast des römischen Volkes ist heutzutage am besten bekannt als die kaiserzeitliche Arena, in der sich die Gladiatoren tödiche Kämpfe lieferten.

Das flavische Amphitheaer, wie der Bau ursprüngich hieß, wurde zwischen 70 und 82 n. Chr. errichtet. nitiator des Baus war Vespasian, vollendet aber wurde er unter seinem Sohn Titus. Die Einweihung im Jahr 80 dauerte hundert Tage und war ein Fest, in dessen Mittelpunkt das Töten als Form der Unterhaltung stand. Der Name, unter dem das Bauwerk heute bekannt ist, kommt von einer bronzenen, über 30 Meter hohen Kolossalstatue, die einst in seiner Nähe stand.

Das Stadion besaß einen ovalen Grundriss und war annähernd 50 Meter hoch. Ein System konzentrisch angelegter Korridore verlief unter den auf vier Geschosse verteilten, gestaffelten Sitzreihen. Die Besucher saßen getrennt nach ihrem gesellschaftichen Rang: Senatoren waren dem Kampfgeschehen am nächsten, Frauen und Plebejer am weitesten entfernt. In dem Bau fanden mehr als 50 000 Menschen Platz, sie betraten und verließen ihn durch 76 Eingänge.

Das Kolosseum, das bis in die Zwanzigerjahre des 6. Jahrhunderts genutzt wurde, ist heute eine geweihte Stätte, da in seinen Mauern zahlreiche christliche Märtyrer starben. An jedem Karfreitag zelebriert der Papst hier eine Kreuzweg-Andacht.

PIVS·IX·PONT·MAX

KLOSTER ROUSSANOU
METEORA, GRIECHENLAND

Dieses Kloster, in dem seit 1540 eine religiöse Gemeinschaft lebt, sitzt gewagt auf einer rund 300 Meter hohen Felsnadel in Meteora (griechisch: »in die Höhe gehoben«) im nordgriechischen Thessalien.

Seit dem 11., besonders aber im 14. und 15. Jahrhundert, errichteten Mönchsgemeinschaften auf der Suche nach einem einfachen, nur Christus geweihten Lebensstil 24 Klöster in der spektakulären Felslandschaft von Meteora. Die Mönche benutzten Gerüste, um auf die Felsspitzen zu gelangen und im Fels Träger zu verankern. Anschließend wurden Strickleitern, Körbe und Netze verwendet, um Menschen und Baumaterialien in die Höhe zu befördern. Die Klosterbewohner sahen sich in der Nachfolge jener christlichen Einsiedler, die bereits im 9. Jahrhundert ihre Zuflucht im Gebiet der »himmlischen Säulen« gesucht hatten. Steinerne Treppen gibt es hier erst seit dem 20. Jahrhundert.

Auch wenn die eremitische Lebensweise auszusterben droht, ist Roussanou eines von sechs Klöstern, deren Bewohner ihr Leben noch immer ausschließlich dem Gebet und der Arbeit widmen. Heute leben hier Nonnen vom Orden der Heiligen Barbara. Bekannt sind die byzantinischen Fresken in der Kirche der Transfiguration Christi. Zwei andere verlassene Meteora-Klöster sind mittlerweile restauriert und Touristen zugänglich gemacht worden.

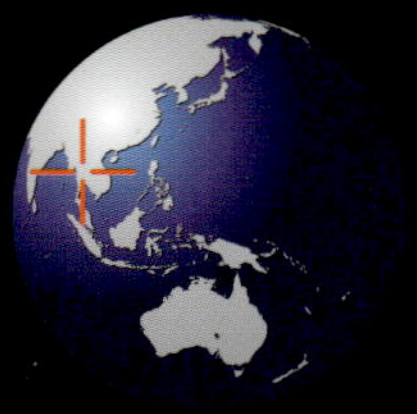

ESCHICHTSPARK YUTTHAYA

YUTTHAYA, THAILAND

n der Khmer-Zeit siedelten Eindringlinge aus Süd-China in Thailand. Aus ihren Gründungen vurden später mächtige Königreiche, zu ihnen ählten Sukhothai im Norden (um 1240) und Ayudhya oder Ayutthaya m Süden (1351).

Ayutthaya, auf einer Insel am Zusammenfluss dreier Flüsse gelegen, war mehr als vierhundert Jahre lang Hauptstadt des südlichen Reiches. Französische Reisende berichteten, die Kapitale des von ihnen als »Siam« bezeichneten Landes sei die schönste Stadt n Fernost und durchaus mit Paris zu vergleichen. Heute ist Ayutthaya eine Art Tempel-Friedhof: Nach ahrhundertelanger Zerstörung und Plünderung assen die Ruinen die ehemalige Pracht der Stadt nur mehr erahnen. 1895 etwa ließ der Gouverneur die Stadtmauer abtragen, um eine Ringstraße anlegen zu lassen.

Doch Ayutthaya, das nur eine Fahrstunde nördlich von Bangkok liegt, ist selbst im Zustand des Verfalls noch eine Sehenswürdigkeit. Der Einfluss der Khmer ist besonders am Turm des zentralen Heiligtums, dem von kleineren Türmen umgebenen *prang*, abzulesen. Um die Restaurierung der Stätte zu beschleunigen, wurde 1976 der Geschichtspark Ayutthaya gegründet. Seit 1991 gehört die ehemalige Hauptstadt zum Unesco-Welterbe.

HAGIA SOPHIA

ISTANBUL, TÜRKEI

Das überwältigende Bauwerk ist der Höhepunkt byzantinischer Architektur – wie es der Bauherr, Kaiser Justinian, beabsichtigt hatte. Er wollte Konstantinopel einen Kirchenbau schenken, der alle anderen Gotteshäuser übertreffen sollte.

Die Hagia Sophia, die der »göttlichen Weisheit« geweiht ist, wurde in nur fünf Jahren errichtet (532–537). Besonders ehrgeizig war das Konzept der zentralen Kuppel: Dadurch, dass ihr Gewicht durch kleinere Nebenkuppeln abgefangen wird, entstand ein enormer stützenloser Mittelraum. Das Tageslicht, das durch 40 Fenster einfällt, bringt die Mosaiken zum Strahlen und erweckt den Eindruck, dass die Kuppel im Himmel schwebt. Um die Dominanz des Christentums zu betonen, ließ Justinian Säulen und Bögen aus den Tempelanlagen von Baalbeck und Ephesus für den Kirchenbau verwenden. An prominenter Stelle ließ er Elemente wie das Steinmedaillon mit dem Medusenhaupt (seit 1871 im Museum) einfügen – zur Abwehr böser Einflüsse.

Nach der Eroberung Konstantinopels 1453 machten die Türken aus der Kirche eine Moschee mit Stützpfeilern und Minaretten. 1934 wurde die Hagia Sophia säkularisiert und zum Museum. Noch immer hängen im Innenraum islamische Medaillons (folgende Doppelseite).

علي رضي الله عنه
محمد عليه السلام

الله جل جلاله
عثمان رضي الله عنه

RAPA-NUI-NATIONALPARK
OSTERINSEL, CHILE

Die stummen steinernen Wächter der rätselhaften Insel im Südostpazifik, die mehr als 3000 Kilometer vom Festland entfernt liegt, sind beeindruckende Zeugen der ursprünglichen Inselkultur.

Rapa Nui (die ehemalige Osterinsel) ist die Heimat von ungefähr 2000 Rapanui, deren polynesische Vorfahren sich wahrscheinlich im 8. Jahrhundert hier niederließen. Sie schufen die inseltypischen Idole, die *moai*, Abbilder der vergöttlichten Ahnen. Man nimmt an, dass im 17. Jahrhundert zwei kriegerische Stämme um die Ressourcen der Insel zu kämpfen begannen. Dabei wurden die meisten der tonnenschweren *moai* umgestürzt. Heute sind immerhin noch rund 900 von ihnen erhalten. Die 15 abgebildeten Skulpturen stehen auf einer Plattform für rituelle Handlungen, einem *ahu*, im Osten der Insel und wurden in den 1960er-Jahren restauriert.

Doch wie wurden die kolossalen Statuen von ihren Schöpfern zu den endgültigen Standorten gebracht? Mündlicher Überlieferung zufolge vermochten die Steinfiguren durch *mana*, die Kraft der Ahnen, zu »wandern«. Die Sage mag ein Körnchen Wahrheit enthalten: Versuche haben gezeigt, dass mehrere Personen die *moai* mit Hilfe von Seilen langsam vorwärts schaukeln können.

ALHAMBRA
GRANADA, SPANIEN

Der festungsartige Palastkomplex, der sich auf einer bewaldeten Felsnase vor den schneebedeckten Gipfeln der Sierra Nevada erhebt, symbolisiert die islamische Vorstellung vom Paradies auf Erden.

Nach dem Zusammenbruch des Kalifats von Córdoba um 1030 wurde Andalusien von Bürgerkriegen überzogen. Erst zweihundert Jahre später begründete Muhammad Ibn Yusuf ben Nasr das nasridische Königreich von Granada. Er baute die alte Zitadelle zur befestigten Residenzstadt aus (Madinat al-Hamra: »die rote Stadt«). In ihren Mauern wurden zahlreiche Paläste für die Nasriden und Häuser für hohe Hofbeamte errichtet. Daneben entstanden die Kasernen für die königliche Garde, die Alcazaba. In direkter Nachbarschaft zu den Gebäuden der Alhambra liegt der Generalife, der Sommerpalast der Nasriden, mit seinen herrlichen Gärten.

Während der Reconquista, der Rückeroberung der Iberischen Halbinsel, fiel Granada als letzte muslimische Bastion 1492 an die katholischen Könige. Im Lauf der Zeit verfiel die Anlage, bis sie im 19. Jahrhundert von Reisenden »wiederentdeckt« wurde. Zu ihnen zählte der amerikanische Schriftsteller Washington Irving, der sich zum Fürsprecher ihrer Restaurierung machte. Heute ist die Alhambra Teil des Unesco-Welterbes und eine der meistbesuchten Sehenswürdigkeiten Spaniens.

CHEOPS-PYRAMIDE
GIZEH, ÄGYPTEN

Die Große Pyramide von Gizeh ist ein atemberaubendes Grabmonument, aus Stein für die Ewigkeit gebaut. Sie liegt im Zentrum einer königlichen Nekropole, gilt als eines der Sieben Antiken Weltwunder und ist bis heute geradezu der Inbegriff Ägyptens.

Die vollendet proportionierten Pyramiden von Gizeh wurden vor ungefähr viereinhalb Jahrtausenden erbaut und waren möglicherweise mit vergoldeten Spitzen versehen. Drei Pharaonen der 4. Dynastie liegen hier begraben, in der Großen Pyramide (rechts) Cheops, der von 2585–2560 v. Chr. regierte.

Die Pyramide bringt drei zentrale Themen der altägyptischen Kultur zum Ausdruck: die Macht des Königs, das Wesen des Totenkults und die Bedeutung des Sonnengottes.

An der Cheops-Pyramide, deren Bau Herodot zufolge 30 Jahre gedauert haben soll, dürften mehr als 2 Millionen Kalksteinblöcke von jeweils mehreren Tonnen Gewicht verbaut worden sein. Die nach Norden ausgerichtete Pyramide besitzt eine Grundfläche von 53 000 Quadratmetern. Sie enthält auf verschiedenen Ebenen drei Kammern, von der mit rotem Granit verkleideten Grabkammer des Cheops führen zwei jeweils 20 Zentimeter breite Schächte bis zur Außenwand der Pyramide – vielleicht sollten sie der Seele des Pharao den Aufstieg in die himmlischen Sphären erleichtern.

BOROBUDUR

JAVA, INDONESIEN

Kein Ort in Südostasien ist in Form und Größe mit Borobudur zu vergleichen, das im frühen 9. Jahrhundert von Königen der Sailendra-Dynastie erbaut wurde.

Borobudur ist ein dreidimensionales Meditationsinstrument, ein kosmisches *mandala* aus Stein. Durch die gleichzeitige Verwendung der Kreisform als Symbol des himmlischen Reichs und des Quadrats als Sinnbild für die materielle Erscheinung der Welt bildet der Tempelbau die verborgene Architektur des Universums ab. Über Treppen auf jeder Seite der quadratischen Grundfläche gelangen Gläubige über die mit Rundbauten besetzten Ebenen nach oben (folgende Doppelseite). Sie begeben sich gleichsam auf eine Reise, von der irdischen Welt zum Drehpunkt der kosmischen Achse, zum Reich inneren Sehens und zur ultimativen Erkenntnis Buddhas auf dem Berg Meru. Die obere Ebene trägt insgesamt 72 durchbrochene *stupas*, die auf drei konzentrischen Stufen mit jeweils 32, 24 und 16 Stück rund um die Hauptkuppel angeordnet sind. Jede *stupa* enthält eine Statue des meditierenden Buddha.

Nach nur hundert Jahren wurde die Kultstätte aufgegeben, als sich das Machtzentrum Javas, womöglich aufgrund eines Vulkanausbruchs, verlagerte. Sie lag unter Gebüsch und Vulkanasche, als Stamford Raffles sie 1814 entdeckte und mit der Restaurierung begann.

TAL VON M'ZAB

GHARDAÏA, ALGERIEN

Trotz gewisser Ähnlichkeiten mit der Befestigungsarchitektur der Berber in Marokko ist M'zab eine kulturell eigenständige Wüstenoase etwa 400 Meilen südlich von Algier.

Das Gebiet von M'zab wurde um das Jahr 1000 von einem Zweig des Berbervolks der Zenata besiedelt. Seine Mitglieder waren Ibaditen geworden, Anhänger einer Splitterform des Islam. Land und Lebensraum wurden gemäß ihrer Glaubensinhalte gestaltet.

Die Landwirtschaft in diesem Talbecken wird durch ausgeklügelte Bewässerungssysteme ermöglicht, in höheren Lagen befinden sich fünf ummauerte *ksar*, befestigte Dörfer. Die Einteilung jedes *ksar* in Quartiere spiegelt das Muster wider, dem die Besitzverteilung bewässerten Lands folgt. Jeder *ksar* besitzt eine Moschee, eine Schule, einen Markt und ein Verkehrsnetz: Breite Straßen in konzentrischen Ringen verbinden die öffentlichen Einrichtungen der Dörfer miteinander, enge Gassen führen zu den Wohnhäusern.

Die einfache, funktionale Architektur kennt zwar geschwungene Mauern, verzichtet aber auf Farbe und Ornamente. Die Häuser besitzen nach Geschlechtern getrennte Bereiche, Innenhöfe und Dachterrassen. Trotz moderner Einflüsse ist die an ihre Umwelt perfekt angepasste Architektur von M'zab zu einem Anziehungspunkt für Städteplaner geworden.

PETERSDOM
VATIKANSTADT

Um 324 ließ Kaiser Konstantin dort, wo der erste römische Bischof das Martyrium erlitten hatte, eine Kirche bauen. Von 1506 bis 1626 wurde St. Peter erneuert – und zum prunkvollen Zentrum des Christentums.

Die Kuppelbasilika, an der so berühmte Baumeister wie Michelangelo und Bernini mitgearbeitet haben, ist so groß, dass die Londoner St. Pauls Cathedral bequem in ihr Platz finden würde. Am Außenbau symbolisieren Statuen die erneuernde Kraft des Glaubens: Die Balustrade der klassisch strengen Fassade wird von 13 jeweils fast 6 Meter hohen Figuren überragt, die Christus, Johannes den Täufer und elf Apostel darstellen.

Der Vorplatz (erbaut 1656–1667) fasst mehr als 100 000 Menschen. Von hier aus blicken sie zur Benediktionsloggia, wo der Papst an Weihnachten und Ostern den Segen spendet. Im Innenraum steht unterhalb der Kuppel im Zentrum der Altar der Confessio. Unter ihm befindet sich das Grab des Heiligen Petrus. Überdacht wird der Altar von einem barocken Meisterwerk, dem auf vier gewaltigen Säulen ruhenden Bronzebaldachin von Bernini. In dem Mauerring unterhalb der Kuppel (folgende Doppelseite) sind die Worte zu lesen, mit denen Jesus Petrus (»der Fels«) die Errichtung der Kirche übertrug: »Du bist Petrus, auf diesen Fels werde ich meine Kirche bauen …« (Matthäus 16:18–19).

CAELORV
ES

TV ES PETRVS ET
MVNDO REF

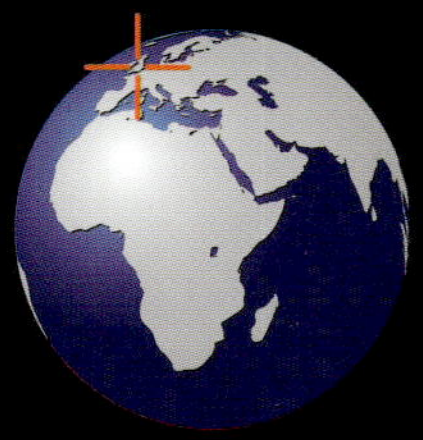

STONEHENGE
WILTSHIRE, ENGLAND

Der weltberühmte Steinkreis bei Salisbury ist ein bedeutendes kulturelles Relikt aus der Jungsteinzeit. Er dominiert seine Umgebung seit Jahrtausenden, seine Größe und die Präzision seines Aufbaus erwecken zu Recht Ehrfurcht.

Die ältesten Teile der megalithischen Anlage sind der äußere Wall und der Graben aus der Zeit um 3000 vor Christus. Die Steine wurden etwa tausend Jahre später aufgestellt. Die Anlage, die an einen großen Freitempel oder einen geheiligten Bezirk erinnert, könnte das Zentrum eines weitläufigeren Komplexes gewesen sein, zu dem auch zahlreiche Grabhügel in der Umgebung gehörten. Es gibt jedoch auch eine überzeugende astrologische Deutung: Eine Öffnung gegen Nordwesten scheint auf die Position des Mondes bei der Wintersonnenwende, ein vom Zentrum der Anlage nach Nordosten führender Pfad auf die Sonne der Sommersonnenwende ausgerichtet zu sein.

Am bemerkenswertesten ist gewiss die Konstruktionsweise: Gewaltige Decksteine ruhen auf den dreißig Steinen des Außenkreises, während innen fünf Trilithe (zwei Steine, von einem Deckstein bekrönt) standen. Sandsteinblöcke aus Wiltshire wurden dabei mit Blaustein aus Pembrokeshire kombiniert, dem man Heilkräfte zusprach.

POTALA-PALAST
LHASA, TIBET/CHINA

Der Palast, der Lhasa an den Hängen des Berges Marpori majestätisch überragt, wurde benannt nach dem Berg Potalaka – dem himmlischen Sitz von Avalokiteshvara, dem *bodhisattva* des universellen Mitgefühls und Schutzpatron Tibets.

Die Tibeter glauben, dass sich Avalokiteshvara in ihrem Land zwei Mal verkörperte: in Gestalt des Königs Songsten Gampo und des »Großen fünften Dalai Lama«. Der Dalai Lama der buddhistischen Gelug-Schule ließ den Palast zwischen 1642 und 1650 an der Stelle von Gampos Palast aus dem 7. Jahrhundert, der durch einen Blitzschlag zerstört worden war, errichten. Als geistiges Oberhaupt eines nunmehr theokratisch regierten Staates baute der Dalai Lama einen Palast, der Residenz, Kloster, Regierungssitz, Festung und wirksames Nationalsymbol in einem sein sollte.

Er zeigt den typisch tibetischen Baustil mit geböschten Mauern und Flachdächern, allerdings ist der 1000 Zimmer umfassende Komplex besonders reich ausgestaltet. Er besteht aus zwei Teilen, dem Weißen Palast, in dem die Regierungsgeschäfte geführt und Gesandte empfangen wurden, und dem Roten Palast, der Tempel und Schreine sowie die Grabstätten von acht Dalai Lamas umschließt. Bis zur Zeit der modernen Wolkenkratzer war das dreizehnstöckige Bauwerk mit fast 118 Metern eines der höchsten der Welt.

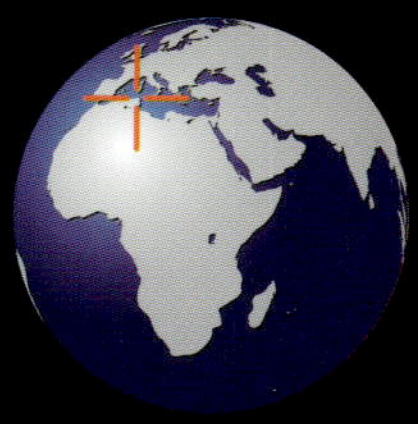

KARTHAGO
TUNIS, TUNESIEN

An der Stelle, wo sich heute ein angesagter Vorort von Tunis befindet, legten Archäologen das römische und punische Karthago frei, die bedeutendste antike Metropole Nordafrikas.

Als Handelshafen wurde Karthago im 9. vorchristlichen Jahrhundert im Golf von Tunis von Phöniziern gegründet. Rasch entwickelte sich die Stadt zum Zentrum eines auf dem Seehandel beruhenden, den Mittelmeerraum dominierenden Reichs. Nach der Niederlage gegen die Römer in den Punischen Kriegen wurde Karthago im Jahr 146 v. Chr. zerstört. Erst hundert Jahre später ließ Caesar die Stadt wieder aufbauen. Später wurde sie zum Zentrum des nordafrikanischen Christentums und zur Hauptstadt der byzantinischen Provinz Africa, bevor die Araber sie im 7. Jahrhundert erneut zerstörten.

Kaum ein anderer Ort innerhalb der Stadt vermag deren Bedeutung besser zu illustrieren als die antoninischen Bäder (rechts) aus der Zeit um 160 v. Chr. Sie erstreckten sich über fast 37 000 Quadratmeter und waren damit die drittgrößten Thermen der römischen Welt. Der wohl anrührendste Platz dagegen ist zweifellos das Tofet, ein Ort mit Hunderten von Kindergräbern. Die Römer deuteten sie als Relikte eines punischen Kults, bei dem Säuglinge den Göttern geopfert wurden. Wahrscheinlich aber handelt es sich um die Gräber totgeborener und früh verstorbener Kinder.

PURA ULUN DANU BATUR
BALI, INDONESIEN

Dieser hinduistische Tempelkomplex, malerisch am Batur-See gelegen, ist verschiedenen Gottheiten geweiht, allen voran jedoch der Göttin der Seen und Flüsse.

Der Batur ist ein aktiver Vulkan, und die Tempelanlage wurde 1926 in den Kratersee an seinem höchsten Punkt verlegt, nachdem ein Ausbruch das Dorf am Fuß des Berges zerstört hatte. Er umfasst neun Tempel sowie 285 Schreine und Pavillons. Einen ähnlichen Gebäudekomplex findet man in Pura Ulun Danu Bratan am Bratan-See (folgende Doppelseite): Dort wurde der von einem elfstufigen Dach bekrönte *meru*, ein pagodenähnlicher Tempel, der Seegöttin Batari Dewu Ulun Danu geweiht. Der benachbarte dreistufige Bau wurde zum Schutz der Feldfrüchte vor Krankheitsbefall errichtet.

Wo immer in der hinduistischen Gesellschaft Balis Wasser einer bäuerlichen Gemeinschaft zugeleitet wird, bildet ein zu Ehren der Wassergöttin Dewi Danu errichteter Tempel das Zentrum des Dorfes. Die Grundlage für den balinesischen Kalender ist die 210 Tage umfassende Zykluslänge des Reisanbaus. Und dessen Gelingen beruht auf den wasserbedeckten Terrassen. Das Bewässerungssystem für das nährstoffreiche Abflusswasser des Batur ist der Schlüssel zu Balis Fruchtbarkeit.

AKROPOLIS

ATHEN, GRIECHENLAND

Athens Burgberg steht für eine Reihe von Idealen – und für die Suche nach jener Perfektion, die die westliche Zivilisation geprägt hat.

Nach der Plünderung Athens durch die Perser im Jahr 480 v. Chr. war die Akropolis eine Ruine. Ihr Wiederaufbau begann um 440 unter Perikles. Innerhalb weniger Jahrzehnte entstanden auf dem Felsmassiv wieder große Bauwerke. Der Parthenon-Tempel, die Propyläen und das Erechtheion wurden durch kleinere Tempel miteinander verbunden. Einer von ihnen war der Athena Nike, der Siegbringerin, geweiht. Es war jedoch vor allem der marmorne Parthenon, der größte Tempel auf dem griechischen Festland, der die Akropolis berühmt machte. Er wurde als schönster jemals im dorischen Stil erbauter Tempel gefeiert, als angemessene Behausung für die von Phidias aus Gold und Elfenbein geschaffene Kolossalstatue der Athena Parthenos.

Eindrucksvoll und schön zugleich, verkörperte die Architektur die zentralen Werte des perikleischen Zeitalters. Wer von der *agora* im Zentrum des alten Athen zum Berg hinaufblickte, sollte von den Gebäuden dort oben daran erinnert werden, dass die Stadt höheren Zwecken geweiht war.

CHÂTEAU DE CHENONCEAU

CHENONCEAUX, FRANKREICH

Es waren vor allem Frauen, die die Gestalt dieses berühmten Schlosses prägten. Daher auch sein Beiname »Château des Dames«.

Im Jahr 1512 erwarb Thomas Bohier das Anwesen am nördlichen Ufer des Cher, seine Gattin Cathérine Briconnet ließ um den mittelalterlichen Rundturm ein Renaissanceschloss errichten. Nachdem das Schloss an das Königshaus Valois gefallen war, machte sich die Mätresse Heinrichs II., Diane von Poitiers, an die Ausgestaltung der Gärten und gab eine Brücke über den Cher in Auftrag. Als Heinrich starb, wurde sie von seiner Witwe Katharina von Medici aus Chenonceau vertrieben. Die neue Schlossherrin ließ auf der Brücke die berühmte zweistöckige Galerie und den Ballsaal bauen.

Nach Katharinas Tod 1589 wurde das Schloss vernachlässigt. Louise von Lothringen, die Witwe des ermordeten Königs Heinrich III., irrte bis ans Ende ihrer Tage ziellos in seinen Mauern umher. Während der Französischen Revolution gelang es Louise Dupin, das Schloss dank der Brücke vor dem Zugriff der Revolutionäre zu bewahren. Im Zweiten Weltkrieg bildete der Fluss Cher die Grenze zwischen Vichy-Frankreich und dem von den Deutschen besetzten nördlichen Landesteil, die Galerienbrücke wurde zum Verbindungsgang. Seit 1913 gehört Chenonceau der Schokoladen-Dynastie Menier.

GROSSER BUDDHA VON LESHAN
SICHUAN, CHINA

Mit einer Höhe von 71 und einer Schulterbreite von rund 28 Metern ist dieses außergewöhnliche Meisterwerk die größte steinerne Sitzfigur Buddhas weltweit.

Neunzig Jahre nach Beginn der Arbeiten im Jahr 713 wurde die Kolossalstatue vollendet und farbig gefasst. Während sich die meisten Skulpturen der Tang-Zeit in buddhistischen Grotten befinden, wurde die große Figur von Leshan aus einer Felswand an den Ufern des Min-Flusses herausgemeißelt.

Die Wahl fiel auf diesen Standort, weil hier zahlreiche Bootsleute in ückischen Flussströmungen ertrunken waren. Man glaubte, nur die Gegenwart eines *maitreya* – einer einzigartigen Gestalt, die zugleich *bodhisattva* und der als zukünftiger Erlöser erwartete *buddha* st – könne Leben retten und den Stiftern Ruhm einbringen).

Im Chinesischen als Mile Fo (»der Liebende«) bekannt, war der *maitreya* die Zentralgestalt verschiedener volkstümlicher messianischer Bewegungen n der Geschichte Chinas. n dieser Ausprägung wird er oft als rundliche, heitere Figur dargestellt. In Leshan ndes blickt der »*buddha* des zukünftigen Zeitalters« unverwandt über den Fluss auf den Berg Emei, einen der vier heiligen Berge des chinesischen Buddhismus. Eine lokale Redensart lautet: »Der Berg ist ein *buddha*, und der *buddha* st ein Berg.«

SKYLINE VON MANHATTAN
NEW YORK CITY, USA

Seit Ende des 19. Jahrhunderts, als in Chicago und New York die ersten Hochhäuser entstanden, haben Wolkenkratzer unsere Metropolen dramatisch verändert.

New York – und insbesondere das dicht bebaute Manhattan – ist seit mehr als hundert Jahren das Epizentrum des Hochhausbaus. Sicherere Personenaufzüge und die Eisen-, Stahl- und Betonträgerbauweise erlaubten es Architekten und Ingenieuren, immer höher zu bauen. Heute besitzt New York City mehr als 200 Gebäude über 150 Meter, darunter Klassiker wie das Woolworth (1913) und das Chrysler Building (1930). Die Art-déco-Bebauung des 9 Hektar großen Areals um das Rockefeller Plaza (1931–1940), die 19 Gebäude umfasst, war der visionäre Versuch, ein Ensemble von Hochhäusern zu schaffen. Bis heute betrachten viele die »skyscraper alley« zwischen Fifth und Sixth Avenue als Manhattans architektonisches Herz. Das höchste Gebäude der USA wird nach seiner Vollendung das One World Trade Center sein, das die 2001 zerstörten Twin Towers ersetzt. Seine Antenne markiert die Höhe von symbolischen 1776 Fuß (540 Meter): Aus dem Jahr 1776 stammt die Unabhängigkeitserklärung der Vereinigten Staaten.

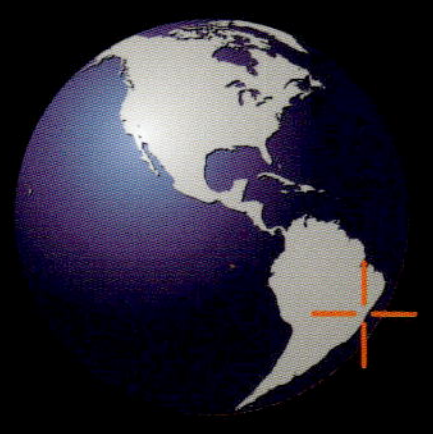

CHRISTUS-STATUE
RIO DE JANEIRO, BRASILIEN

Gelassen blickt die über 30 Kilometer hinweg sichtbare, im Art-déco-Stil errichtete Kolossalfigur des Erlösers auf die Stadt, die 700 Meter unter ihr liegt.

Die Kolossalfigur des »Cristo Redentor« auf dem Gipfel des Corcovado besteht aus Stahlbeton mit einem Mosaiküberzug aus Speckstein. Mehr als 250 000 Pilger zogen 1931 zur Einweihung der weltweit größten Christus-Statue. Ihre Entstehungsgeschichte reicht bis in die Mitte des 19. Jahrhunderts zurück. Damals warb der ortsansässige Priester Pedro Maria Boss um Unterstützung für den Bau eines Monuments, das die Frömmigkeit der Gläubigen in Rio veranschaulichen sollte. Mit den Spenden realisierte man den Entwurf des Brasilianers Heitor da Silva Costa, der französische Bildhauer Paul-Maximilien Landowski führte ihn aus. 1922 begann man mit dem Transport der 1145 Tonnen schweren Teile auf den Berg, wo sie zu der 30 Meter hohen Figur zusammengesetzt wurden. Ihr Sockel ist 8 Meter hoch, die Spannweite der Arme beträgt 28 Meter.

Jährlich besuchen Hunderttausende von Touristen die Christus-Statue, die längst mit neuer Beleuchtung, Fahrstühlen und Rolltreppen ausgestattet wurde. 2006 wurde sie durch die katholische Kirche geweiht, um ihren Charakter als Heiligtum zu unterstreichen. Seither darf in der Kapelle im Sockel der Figur auch geheiratet werden.

VERBOTENE STADT
PEKING, CHINA

Die chinesischen Kaiser residierten in einem Gebäudekomplex, der ihren gesellschaftlichen Status und ihre Beziehung zu den kosmischen Kräften widerspiegeln sollte. Seine hohen Mauern schotteten sie hermetisch vom Volk ab.

Die Verbotene Stadt (chinesisch »Das Große Innere«) ist heute als Palast-Museum bekannt und wird jährlich von rund acht Millionen Menschen besucht. Erbaut wurde die Anlage unter den Kaisern der Ming-Dynastie (1368–1644). Sie besteht, auf einer Grundfläche von etwa 720 000 Quadratmetern, aus 890 Einzelgebäuden, Pavillons und Thronsälen und besitzt Zugänge aus allen vier Himmelsrichtungen.

Die Dachgrate und -firste der Gebäude mit ihren ockerfarbenen Mauern, ihren Innenhöfen und den in kaiserlichem Gelb glasierten Ziegeln sind von wachsamen Geschöpfen bevölkert, allen voran von Drachenfiguren. Blickt man von Norden, vom Tor der göttlichen Tapferkeit (Shenwu men) auf die Palastanlage (rechts), so erkennt man, dass sie an einer Nord-Süd-Achse ausgerichtet ist. An dieser Achse liegen, den Prinzipien der chinesischen Geometrie folgend, die wichtigsten Gebäude. Der Grundriss der Verbotenen Stadt verleiht der Idee Ausdruck, dass die Erde quadratisch und China ihr geheiligter Mittelpunkt sei.

TAJ MAHAL
AGRA, INDIEN

In Erinnerung an seine Gemahlin Mumtaz Mahal ließ der Mogul-Kaiser Shah Jahan (reg. 1627–1658) dieses Bauwerk als Denkmal einer großen Liebe errichten. Sie hatte ihm 14 Kinder geboren und war im Kindbett gestorben.

Das Mausoleum, das am südlichen Ufer des heiligen Yamuna-Flusses liegt, wurde 1631 begonnen, der Bau beschäftigte 20 000 Arbeiter aus Indien, Persien und Zentralasien fast zwei Jahrzehnte. Das Resultat stellt den Höhepunkt der indisch-persischen Grabbaukunst dar, bei dem *chatri*-Pavillons mit *iwan*-Hallen und Zwiebelhauben kombiniert wurden. Das Bauwerk, mit weißem Marmor verkleidet, wechselt seine Farbe je nach Tageslicht und wirkt dank vollendeter Proportionen zugleich majestätisch und im Gleichgewicht. Der Marmor steht für die Ewigkeit, und die Innenausstattung – Steinreliefs und Einlegearbeiten, die florale Muster bilden – symbolisiert die Schönheit und Vergänglichkeit irdischen Lebens.

Zum Grab gelangt man über den *charbagh*, einen vierteiligen Garten. Auf der gegenüberliegenden Flussseite liegt der Mahtab Bagh (»Mondlicht-Garten«). Hier soll der Kaiser eine Kopie des Mausoleums in schwarzem Marmor für sich selbst geplant haben. Tatsächlich ruht er an der Seite seiner Gemahlin, und der Garten auf der anderen Flussseite gilt als idealer Aussichtspunkt zum Grab.

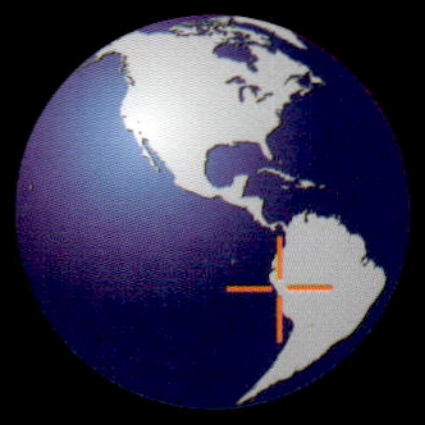

DIE NAZCA-LINIEN
PAMPA DE NAZCA, PERU

Auf einer Hochebene oberhalb der peruanischen Küste wurden Hunderte geometrischer Linien und rund 70 figürliche Darstellungen in den Wüstenboden gegraben. Wer hat dieses beeindruckende Landschaftsdenkmal geschaffen – und wozu?

Die Urheber sind die Nazca, eine Kultur, deren Zentrum etwa bis 700 im Tal des Nazca-Flusses lag. Waren die Erdbilder, die man von den umliegenden Hügeln aus erkennen kann, für göttliche Augen gedacht? Ihre Vielfalt und ihr langer Entstehungszeitraum (viele datieren aus der Zeit vor der Nazca-Phase) geben Rätsel auf.

Bei einigen der Motive könnte es sich um kulturell bedeutsame Symbole handeln – wie bei dem Kolibri, der von den Nazca-Kriegern wegen seiner Flinkheit verehrt wurde. Andere beziehen sich auf astronomische Erscheinungen. Es wird jedoch auch behauptet, dass die Linien in ritueller Weise gezogen wurden und sakrale Pfade waren, wie sie in der gesamten Anden-Kultur auftreten. Wahrscheinlich aber liefert Wasser – oder dessen Mangel – die Erklärung des Rätsels um die Nazca-Linien. Neueste Forschungen zeigen, dass Kulte um das kostbare Nass eine zentrale Rolle bei der Anlage der Zeichnungen spielte: Festliche Prozessionen fanden entlang der Linien statt, die Menschen flehten mit Opfern und rituellen Tänzen die Götter um Regen an.

LAGUNE VON VENEDIG

VENEDIG, ITALIEN

Auch wenn ihr Glanz unleugbar verblasst ist, zieht die »Serenissima« (die Allerdurchlauchteste) Besucher nach wie vor unwiderstehlich in ihren Bann – als eine Stadt, die eine funkelnde Existenz zwischen Land und Meer führt.

Venedig verteilt sich auf 18 Inseln, die in der rund 500 Quadratkilometer großen Lagune liegen. Seit dem 10. Jahrhundert war die Stadt eine Seemacht, und unter den Dogen (ca. 697–1797) kontrollierte sie den Handel im östlichen Mittelmeerraum. Der daraus resultierende Reichtum machte Venedig in Verbindung mit seiner einmaligen geografischen Lage und dem Wirken großer Künstler zu einem unvergleichlichen architektonischen Juwel.

Obwohl heute mehr als 20 Millionen Touristen die Stadt besuchen, in der nur noch 60 000 Einwohner leben, vermögen einen die Sehenswürdigkeiten noch immer zu verzaubern. Um die Folgen der häufiger werdenden Hochwasser in der Stadt mit ihren 150 Kanälen zu mildern, wurde das MOSE-Projekt initiiert: Das Meerwasser soll durch 78 Schleusentore daran gehindert werden, in die Lagune einzudringen. Es ist zu hoffen, dass diese einmalige Stätte dadurch bewahrt werden kann – eine Stadt, deren prägendes Hintergrundsgeräusch nicht das Brummen von Automotoren, sondern das Plätschern von Wasser sein sollte.

CN TOWER
TORONTO, KANADA

Torontos Skyline wird unübersehbar von dem Fernsehturm geprägt, der zugleich das bekannteste Gebäude Kanadas ist.

Bei seiner Einweihung im April 1975 war der Canadian National Tower mit 553 Metern Höhe das höchste freistehende Bauwerk der Welt. Erst im Jahr 2007 wurde er durch den Neubau des Burj Khalifa auf den zweiten Platz verwiesen. Nicht weniger als 1537 Arbeiter waren rund um die Uhr damit beschäftigt, den Stahlbetonturm täglich 5,50 Meter in die Höhe zu treiben. 1994/95 wurde der CN Tower in die Liste der »Sieben Weltwunder der Moderne« aufgenommen.

Der Turm war von Anfang als Sehenswürdigkeit und als Schaltstelle für die Telekommunikation geplant. Das Drehrestaurant des sieben Stockwerke hohen Turmkorbs bietet Aussichten über Toronto aus einer Höhe von über 350 Metern. Sechs verglaste Fahrstühle befördern die Besucher zur Aussichtsplattform unter der Turmspitze, dem so genannten »SkyPod«. Dank eines LED-Beleuchtungssystems prägt der CN Tower auch nachts die Skyline Torontos. 2011 wurde außerdem der »Edge Walk« eröffnet: Auf einem 1,50 Meter breiten Steg über dem Restaurant können abenteuerlustige Besucher an einem Klettergeschirr in 356 Meter Höhe den Turmkorb umrunden – auf dem höchsten geländerlosen Panoramaspazierweg der Welt.

STEHENDE STEINE
CARNAC, FRANKREICH

Vor Jahrtausenden aus lokalem Granit gebrochen, sind die stehenden Steine von Carnac in der Bretagne eines der eindrucksvollsten Monumente Nordwesteuropas.

In Carnac ragen mehr als 3000 *menhire* (vom bretonischen *men*, Stein, und *hir*, lang) aus dem Boden. Im Wesentlichen wurden sie zwischen 3200 und 1500 v. Chr. aufgerichtet, wenngleich einige von ihnen tausend Jahre älter sind. Mehrfach spielen sie eine Rolle in der lokalen Überlieferung: So heißt es etwa in christlichen Legenden, sie seien heidnische Soldaten gewesen, die der Heilige Cornelius versteinert hätte; andere Quellen wollen Römer in ihnen sehen, die durch den Zauberer Merlin in Felsen verwandelt wurden.

In Westeuropa stößt man auf zahlreiche solcher Steinsetzungen. Die Römer scheinen in Carnac aber wohl eine geplante Anlage erkannt zu haben und meißelten in einige der Steine ihre eigenen Gottheiten ein. Nahezu alle Menhire von Carnac sind in parallelen Reihen aufgestellt, von denen sich einige zu größeren Formationen zusammenfügen. Diejenige von Ménec besteht aus elf Reihen über 1100 Meter, in Kermario erstrecken sich zehn Reihen über 1300 Meter. Bei Kerlescan wiederum sind die 13 Reihen nur 800 Meter lang. Der ursprüngliche Sinn der Steine ist allerdings noch immer nicht geklärt ...

EIFFELTURM
PARIS, FRANKREICH

Der Turm aus Gusseisen, der bei seiner Einweihung den Schock des Ungewohnten hervorrief, steht bis heute für die pulsierende Kraft der Seine-Metropole.

Mit der großen Pariser Weltausstellung feierte Frankreich 1889 das hundertjährige Jubiläum der Revolution und den Beginn des von ihr eingeleiteten Zeitalters der Wissenschaft und Industrie. Beim Ideenwettbewerb für die Gebäude der Weltausstellung konnte sich der vor allem durch den Brückenbau bekannt gewordene Ingenieur Gustave Eiffel mit seinem Entwurf durchsetzen: ein Turm aus Metall, der nach der Fertigstellung mit seinen 324 Metern das weltweit höchste Bauwerk seiner Zeit werden sollte. Für die Finanzierung sicherte sich Eiffel eine zwanzigjährige Nutzungskonzession.

Der Turm aus Tausenden gusseiserner Träger, miteinander verbunden durch 2,5 Millionen Nieten (folgende Doppelseite), bietet bestmögliche Festigkeit und Flexibilität und optimale Windlast bei gleichzeitiger Reduktion des Gesamtgewichts. Durch seine Elastizität bewegt sich die Spitze des Turms an stürmischen Tagen um mehrere Zentimeter hin und her. Alle sieben Jahre muss das Metall neu gestrichen werden, um der Korrosion vorzubeugen. Seit seiner Eröffnung wurde der Turm von ungefähr einer Viertel Milliarde Menschen besucht, jährlich erklimmen ihn weitere sieben Millionen.

FELSENDOM
JERUSALEM, ISRAEL

Der Felsendom, von 684 bis 691 von dem Umayyaden-Kalif Abd al-Malik erbaut, ist das älteste erhaltene Baudenkmal des Islam. Sein ursprünglicher Zweck ist unbekannt.

Der strahlende Felsendom bekrönt den Tempelberg, al-Haram al-Sharif (»Edles Heiligtum«). Hier wollte Abraham seinen Sohn Isaak opfern, von hier stieg Mohammed mit dem Engel Gabriel zu seiner Reise in den Himmel auf. Ganz in der Nähe predigte Jesus am Vorabend seiner Gefangennahme.

Vielleicht wollte al-Malik beweisen, dass sich der Islam durchaus mit den anderen großen Religionen messen kann. Das Innere des Zentralbaus erinnert an eine Rotunde im griechisch-römisch-byzantinischen Stil – durch die ornamentalen Mosaiken und die Pfeiler und Bögen, die die Kuppel tragen. Um ihn legen sich zwei achteckige Umgänge. Das Äußere des Baus war einst mit Marmor und, wie der Innenbau, mit Glasmosaiken verkleidet. Um 1540 ließ Suleiman der Prächtige sie jedoch durch blaue Fliesen ersetzen, zwischen 1956 und 1962 wurden sie gegen Kopien aus Italien ausgetauscht. Unter dem Felsen liegt der »Brunnen der Seelen«, wo sich die Verstorbenen zum Gebet versammeln sollen. Vor Jahrhunderten erhielten Muslime, die hier nach der Umrundung des Felsens beteten, eine schriftliche Zugangsberechtigung zum Paradies, die ihnen ins Grab gelegt wurde.

DELPHI
PARNASS, GRIECHENLAND

Menschen aus der ganzen griechischen Welt, darunter auch politische Entscheidungsträger, strömten zu den Orakeln panhellenischer Heiligtümer. Dasjenige in Delphi soll von Zeus zum Nabel der Welt bestimmt worden sein.

Der heilige Bezirk von Delphi liegt in traumhafter Landschaft. Ein behauener Stein stellte den *omphalos* (Nabel) dar. Er befand sich im Allerheiligsten eines Tempels, der Apoll geweiht war – der, so wurde angenommen, durch den Mund seiner Priesterin Pythia zu den Menschen sprach.

Bereits im 10. Jahrhundert v. Chr. befand sich hier ein Heiligtum, das im Lauf der Zeit um Terrassen, Tempel, Schatzhäuser, ja sogar ein Theater und ein Stadion erweitert wurde. Im 8. Jahrhundert v. Chr. war die Pythia das wichtigste griechische Orakel, in Trance machte es seine Prophezeiungen.

Der am besten erhaltene Teil von Delphi ist das Marmaria-Heiligtum, das der Athena Pronaia (»Wächterin des Tempels«) geweiht ist (rechts). Hier hatte jeder Besucher des Apollo-Tempels sein erstes Opfer zu entrichten. Der Säulenrundbau entstand etwas später, drei seiner ursprünglich 20 dorischen Säulen wurden rekonstruiert. Die Rotunde mag auf den Weltnabel anspielen, ihr Zweck ist nicht bekannt. Die Römer plünderten die Kultstätte und schlossen sie, als die Ausbreitung des Christentums sie überflüssig machte.

BONIFACIO
KORSIKA, FRANKREICH

Die Zitadelle der korsischen Stadt Bonifacio überragt wie ein Ausguck die Klippen, gerade so, als erwarte man nach den Eroberungszügen der Griechen, Römer, Pisaner, Genuesen und Franzosen die nächste Invasionswelle.

Die Stadt an der südlichen Spitze der Insel wurde im Jahr 828 vom toskanischen Grafen Bonifacio gegründet, Menschen waren hier allerdings schon seit der Steinzeit ansässig. Am stärksten haben die Genuesen die Stadt geprägt, nachdem die Seefahrerrepublik Korsika erobert und Bonifacio zur Festung ausgebaut hatte. Das damals entstandene Gewirr enger Gassen betritt man noch heute über eine Zugbrücke aus dem 16. Jahrhundert und durch das Genueser Tor, die Porte de Genes. Einige der beeindruckenden mittelalterlichen Häuser sind sechs Stockwerke hoch, andere waren ursprünglich nur über Leitern zugänglich. Das Französische Tor, Porte de France, wurde 1854 erbaut, lange nachdem Frankreich die Kontrolle über die Insel gewonnen hatte, und ist für Fahrzeuge passierbar. Als die Franzosen die örtlichen Handelsprivilegien aufhoben, setzte der Niedergang der Stadt ein.

Erst ihre sorgfältige Restaurierung brachte den architektonischen Reiz der Zitadelle wieder zum Vorschein, und mit dem Tourismus erwachte die reizvolle Küstenstadt zu neuem Leben.

HISTORISCHES STADTZENTRUM
FLORENZ, ITALIEN

Die Hauptstadt der Toskana erlebte ihre Blütezeit im 15. Jahrhundert unter der Herrschaft der Medici. Hier, in einer der schönsten Städte der Welt, steht die Wiege der Renaissance.

Der auf drei Bögen ruhende Ponte Vecchio (rechts) ist ein schönes Beispiel für einen einst gebräuchlichen mittelalterlichen Bautyp: die mit Ladengeschäften bebaute Brücke. Im August 1944 war er der einzige Übergang über den Arno, der während des Rückzugs der deutschen Truppen nicht gesprengt wurde – vielleicht, weil man annahm, dass er das Gewicht alliierter Panzer nicht tragen könne.

In der Stadt prachtvoller Paläste und Plätze ist einer der herausragenden Orte zugleich auch das spirituelle Zentrum: die Piazza del Duomo (folgende Doppelseite). Die Kathedrale Santa Maria del Fiore (1296–1492) genießt dank ihrer Kuppel, einem technischen Meisterstück des Baumeisters Filippo Brunelleschi, höchste architekturgeschichtliche Bedeutung. Zum Dombezirk gehört auch der Glockenturm oder Campanile (1334–1359). Vor dem Dom steht ein romanischer Zentralbau, das Oktogon des Baptisteriums (1059–1128). Das Äußere ist mit symmetrischen Mustern in weißem und grünem Marmor verziert, an der Nord- und Südseite befinden sich außergewöhnliche vergoldete Bronzetüren von Lorenzo Ghiberti und Andrea Pisano.

HASSAN-II.-MOSCHEE
CASABLANCA, MAROKKO

An seinem 60. Geburtstag gab König Hassan II. von Marokko den Bau der nach ihm benannten Moschee in Auftrag. Sie sollte ein Wahrzeichen der Stadt werden. Dreizehn Jahre später, 1993, war sie vollendet.

Gemäß dem Koranvers »Der Thron Allahs war auf Wasser gebaut« wurde die Moschee auf einer Terrasse am Meer errichtet, der teilweise verglaste Boden gibt den Blick auf das Darunterliegende frei. Auch das Dach ist geöffnet, um Gottes himmlische Schöpfung zu offenbaren. Der König hatte erklärt: »Ich möchte diese Moschee auf dem Wasser errichten, weil Gottes Thron auf dem Wasser ruht. Deshalb können die Gläubigen, die hierher kommen, um auf festem Boden zu beten und den Schöpfer zu ehren, sich gleichzeitig in die Betrachtung von Gottes Himmel und Meer versenken.« Das 210 Meter hohe Minarett ist das höchste der Welt, die Kosten – geschätzte 800 Millionen Dollar – wurden durch Spenden gedeckt.

Die 50 Glaskandelaber kommen aus Murano, alle anderen Materialien stammen aus Marokko: Zedernholz aus dem Mittleren Atlas, Granit aus Tafraoute und Marmor aus Agadir. Tausende von Handwerkern waren damit beschäftigt, den gesamten Bau verschwenderisch mit Mosaiken, Gipsskulpturen und bemalten Holzschnitzereien auszustatten. Er erinnert dadurch an die maurischen Prachtbauten Südspaniens.

HEILIGE MOSCHEE
MEKKA, SAUDI-ARABIEN

Jahr für Jahr ist sie das Ziel Tausender muslimischer Pilger aus aller Welt, die sich auf den *haddsch* begeben: die Große Moschee von Mekka, auch bekannt als al-Haram-Moschee.

Bis 630 war Mekka wegen des Haram mit der zentralen Kaaba bedeutend für die lokalen arabischen Stämme und ihre heidnischen Kulte. Nach dem Siegeszug des Islam wurde die Kaaba in einen nur Allah geweihten Schrein umgewandelt. Das würfelförmige Gebäude – das »Haus« – soll von Adam erbaut, dann von Abraham wiederentdeckt und durch Mohammed von heidnischen Götzenbildern befreit worden sein.

Tagtäglich wenden sich Muslime beim Gebet in die Richtung der Heiligen Moschee *(qibla)*. Die Gebete sind eine der fünf Pflichten des Islam, zu denen auch eine Wallfahrt nach Mekka zählt. Auf deren Höhepunkt umrundet der Pilger dann die Kaaba und versucht, den geheiligten Schwarzen Stein zu küssen. Die ältesten Teile der heutigen Moschee, die über die Jahrhunderte mehrfach erneuert und mit Minaretten ausgestattet wurde, stammen aus der Zeit um 1570. In den vergangenen hundert Jahren wurde sie durch die saudischen Könige beträchtlich vergrößert, sodass die Innenhöfe nunmehr an die 800 000 Pilger aufnehmen können. Ein gewaltiges Bauprojekt wird das Fassungsvermögen der heiligen Stätte auf mehr als zwei Millionen Menschen erhöhen.

BURG HIMEJI
HIMEJI, HYOGO, JAPAN

Die Burg Himeji ist eines der schönsten Beispiele japanischer Festungsbaukunst. Sie stammt aus der unruhigen Zeit, als sich viele Feudalherren bekriegten.

Im 14. Jahrhundert erbaut und zwischen 1601 und 1609 erheblich erweitert, dominierte die Burg ihr Umland bis zum Beginn der Meiji-Ära im Jahr 1868. Der gut erhaltene Hauptturm mit geschwungenen Dächern und Gauben wurde aus Holz errichtet, mit Ton verputzt und weiß bemalt. Firstziegel in Form abstrahierter Fische dienten als symbolischer Brandschutz.

»Weißer Reiher« wird der Bau genannt, sieht er doch aus, als scheine er zum Flug anzusetzen. Dennoch sollte man seine Eleganz nicht mit Fragilität gleichsetzen: Die Festung widerstand sowohl Angriffen als auch Erdbeben. Drei Wassergräben verhinderten Überraschungsangriffe und Belagerungen. Der fünfstöckige Hauptturm und die kleineren Türme liegen im Zentrum eines spiralförmigen Mauerrings mit zahlreichen Schießscharten. Die äußere, geböschte Mauer ist 15 Meter hoch.

So gut die Festung auch gewappnet war, tobte nie wirklich eine Schlacht um Himeji. 1871 wurde die Burg verkauft – und nur weil die Abrisskosten zu hoch waren, blieb sie erhalten. 1931 wurde sie zum nationalen Kulturschatz erklärt, nach Restaurierungen ist Himeji heute eine beliebte Sehenswürdigkeit, an der alljährlich ein großes Kirschblütenfest stattfindet.

MASADA
TOTES MEER, ISRAEL

Auf dem Plateau hoch über der judäischen Wüste stand einst eine Palastanlage für König Herodes. Berühmtheit erlangte sie als letzter Zufluchtsort der jüdischen Widerstandskämpfer (Zeloten), die von 66 bis 73 gegen die römischen Besatzer revoltierten.

Um das Jahr 70 waren die Zeloten von Masada die letzten jüdischen Widerständler. Jerusalem war bereits geplündert und der Tempel zerstört worden. Als Masada von römischen Soldaten belagert wurde und die Niederlage der Zeloten unausweichlich schien, soll ihr Anführer Eleazar Ben Yair den 960 Burgbewohnern gesagt haben, dass »ein ehrenvoller Tod einem Leben in Schande vorzuziehen ist.« Alle bis auf zwei nahmen sich daraufhin das Leben. Nach ihrem Fall geriet Masada 1300 Jahre lang weitgehend in Vergessenheit. Erst um 1820 wurde es wiederentdeckt, die archäologischen Grabungen begannen nach 1960.

Die archäologische Anlage befindet sich heute auf dem Gebiet eines Nationalparks im Naturreservat Judäische Wüste. Als Symbol jüdischer Volksidentität übt Masada eine große Anziehungskraft aus: In das Besucherzentrum strömen jährlich eine Million Touristen. Eine Seilbahn verbindet das Zentrum mit dem Gipfel, auch wenn die beschwerlichen alten Fußwege weiterhin benutzt werden können.

VOLUBILIS
MAROKKO

Einst war diese nordafrikanische Siedlung die Hauptstadt des unabhängigen Königreichs Mauretanien, das nach der Zerstörung Karthagos (149–146 v. Chr.) römische Provinz wurde. Heutzutage ist es die bedeutendste antike Stätte in Marokko.

Volubilis wurde das Verwaltungszentrum der römischen Provinz Mauretania Tingitana. Die Stadt lag in einem fruchtbaren Gebiet, was die mehr als hundert Olivenölpressen belegen. Volubilis besitzt alle Kennzeichen einer römischen Bebauung: Bäder, Tempel, ein Aquädukt, das Forum, eine Basilika (rechts) und ein Kapitol. Die Gebäude datieren aus der frühen nachchristlichen Zeit. Die Hauptstraße, der *decumanus maximus*, führt auf einen Triumphbogen zu, der zu Ehren von Kaiser Caracalla errichtet wurde.

Volubilis ist eine der wenigen Römerstädte, deren Mosaike man an Ort und Stelle bewundern kann: Ungefähr 30 schöne Beispiele haben sich in über einem Dutzend Häuser erhalten, so im Haus des Orpheus, des Epheben, der Venus und des Dionysus.

Ein neues Besucherzentrum ist diskret in einen der Stadt zugewandten Hang integriert. Das Flair der historischen Metropole ist bis heute noch erlebbar – so fand Martin Scorsese hier geeignete Drehorte für einige Szenen seines 1988 entstandenen Films »Die letzte Versuchung Christi«.

BASILIKA NOTRE-DAME
MONTRÉAL, KANADA

Über ein halbes Jahrhundert lang war Notre-Dame das größte Gotteshaus in Nordamerika. Die reich geschmückte Kirche ist das erste kanadische Bauwerk im neugotischen Stil.

Seit dem Beginn der 1870er-Jahre leitete Victor Bourgeau, einer der führenden Architekten Québecs, die Arbeiten zur romantisch-rückwärtsgewandten Ausstattung der Basilika (erbaut 1824–1829). Eine Inspiration waren dabei die Schmuckformen der Pariser Sainte-Chapelle, einem Hauptwerk der französischen Gotik. Der kanadische Geistliche Victor Rousselot besuchte den aus dem 13. Jahrhundert stammenden Bau während einer Europa-Reise und war tief beeindruckt von der subtilen Lichtführung, den prächtigen Glasfenstern und dem Zusammenwirken von Gold und unterschiedlichen Farben. So beziehen sich die goldenen Sterne auf den blauen Gewölbefeldern direkt auf das Pariser Vorbild. Auch der Hauptaltar der Basilika ist überwältigend: Vier Darstellungen alttestamentarischer Opferszenen gruppieren sich um die zentrale Kreuzigung Christi. Notre-Dame wurde 1982 in den Rang einer »kleineren päpstlichen Basilika« erhoben. An vielen Abenden im Jahr findet in der Kirche eine Multimedia-Show statt, und im Sommer werden hier klassische Konzerte gegeben.

FREIHEITSSTATUE
NEW YORK CITY, USA

Vor 100 Jahren war New York das Tor zur Neuen Welt. Millionen von europäischen Einwanderern und Besuchern wurden bei ihrer Ankunft mit dem Schiff von der weiblichen Kolossalstatue willkommen geheißen. Die Inschrift zu ihren Füßen lautet: »Gebt mir eure Müden, eure Armen, eure geknechteten Massen, die sich danach sehnen, frei zu atmen.«

Die Figur der »Freiheit, die die Welt erleuchtet« ist vom Boden bis zur Spitze der Fackel fast 93 Meter hoch und war bei ihrer Einweihung 1886 das höchste Bauwerk der Stadt New York. Zu ihren Füßen liegt eine zerbrochene Kette, und die sieben Strahlen ihrer Krone repräsentieren die sieben Weltmeere und die sieben Kontinente.

Die Freiheitsstatue war ein verspätetes Geschenk Frankreichs an Amerika zum 100. Jubiläum der amerikanischen Revolution. Der Sockelbau stammt von dem Amerikaner Richard Morris Hunt, die Figur vom französischen Bildhauer Frédéric-Auguste Bartholdi. Ein Eisenskelett im Inneren der Figur, dessen 350 Teile Gustave Eiffel in Paris fertigte, sorgt dafür, dass das Monument starken Winden nachgeben kann. Es ist mit dünnen Kupferplatten verkleidet, die im Lauf der Jahre ihre charakteristische Patina angenommen haben. 1986 wurde die Freiheitsstatue restauriert. Die Flammen der Fackel haben seither eine veränderte Form und wurden blattvergoldet.

ZITADELLE VON BUCHARA
BUCHARA, USBEKISTAN

Der Lehmbau der Zitadelle geht auf die frühe nachchristliche Zeit zurück: Das zentralasiatische Buchara, an der Seidenstraße gelegen, war ein wichtiger Handelsort und ein Bindeglied zwischen Ost und West.

In ihrer 2000-jährigen Geschichte ist die Festung mehrfach zerstört und ebenso oft wieder aufgebaut worden. Vom Inneren der Anlage hat sich kaum etwas erhalten, erst im frühen 20. Jahrhundert ließ der Emir von Buchara ein Schatzhaus, Moscheen und einen Palast errichten. Trotz Restaurierungen stürzten Teile der Festungsmauern 2011 und 2012 ein. Die Mauern waren mit hölzernen Balken verstrebt worden – und vermutlich wurde wegen der in Usbekistan herrschenden Korruption mangelhaftes Holz verwendet.

Die Zitadelle (Ark) besaß ein Gefängnis, gefürchteter jedoch war der *zindan* außerhalb der Festung. Sein als »Ungeziefergrube« berüchtigtes Verlies war derart von giftigen Insekten verseucht, dass Gefangene nicht lange überlebten. 1842, im Zeitalter des als »Großes Spiel« bekannten Konflikts zwischen England und Russland um die Vorherrschaft in Zentralasien, landeten die beiden britischen Offiziere Stoddart und Conolly in der Ungeziefergrube und überlebten. Allerdings nur, um ihre eigenen Gräber auszuheben – und dann als Spione enthauptet zu werden.

GEORGSKIRCHE
LALIBELA, ÄTHIOPIEN

Das ungewöhnlichste Merkmal dieser Kirche ist wohl ihre Bauweise, denn sie ist ein Monolith, der zwölf Meter tief aus dem roten Vulkangestein herausgemeißelt wurde.

Die auf kreuzförmigem Grundriss entstandene Georgskirche gilt als das am besten erhaltene von elf Gotteshäusern in Lalibela. Ihren Namen hat die Stadt von Kaiser Lalibela, der im 12./13. Jahrhundert regierte und Lalibela zu einem Wallfahrtsort für die orthodoxen äthiopischen Christen machte. Einer Legende zufolge hat er die Kirchen selbst aus dem Stein gemeißelt und wurde dabei von Engeln unterstützt. Vermutlich wurden nur die schönsten Kirchen im 13. Jahrhundert erbaut, die anderen Bauten existierten bereits und wurden später zu Gotteshäusern umfunktioniert.

Lalibela beabsichtigte nicht, mit seiner Wallfahrtsstätte Jerusalem Konkurrenz zu machen. Da die Heilige Stadt 1187 von Sultan Saladin erobert worden war, wollte er wohl viel eher den Pilgern eine Alternative zur Wallfahrt nach Jerusalem bieten. Lalibela blieb ein populäres Pilgerziel, und viele gläubige Äthiopier suchen noch heute das Grab des Königs in Bete Golgatha auf, während Touristen aus aller Welt von den aus dem Vulkangestein gehauenen Kirchen angezogen werden.

PALENQUE
CHIAPAS, MEXIKO

Jer Stadtstaat Palenque erlebte unter Pakal »Schild«, Regierungszeit 515–683) ein goldenes Zeitalter. Seine Ruinen assen das heute noch erahnen.

Die Gebäude Palenques sind eleganter als die übrigen Bauten im Maya-Tiefand. Ursprünglich waren sie mit blauen und roten Stuckreliefs verziert, die königliche Stammbäume darstellten – die meisten entstanden für Pakal oder dessen Sohn Kan Balam »Schlangen-Jaguar«).

Der Palast, der die Stadtanlage beherrscht (Bildmite), stammt aus dem 7. und 3. Jahrhundert. Er besteht aus umlaufenden Galerien und langen Räumen, die um Innenhöfe gruppiert sind. Die Funktion des quadratischen Turms – des einzigen dieser Art in der Region – ist unbekannt, auch wenn einige Forscher vermuten, er habe als Observatorium gedient.

Als sich sein Lebensende näherte, ordnete Pakal den Bau seines eigenen Grabdenkmals an. So entstand der Tempel der Inschriften im Bild rechts außen), in dem er in einem prachtvollen Sarkophag beigesetzt wurde.

Pakals Sohn baute drei Tempel (links im Bild), die an die fernen Berge erinnern sollten. Alle drei enthalten zahlreiche Reliefs und Schrifttafeln, die den Schöpfungsmythos der Maya erzählen. Vieles allerdings ist im »Wald der Könige« noch nicht freigelegt – und bleibt mysteriös und rätselhaft.

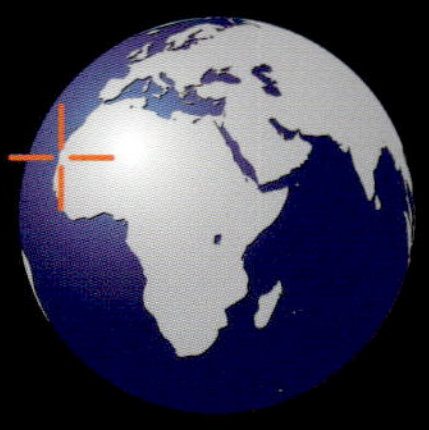

BEFESTIGUNGSANLAGEN
ESSAOUIRA, MAROKKO

Diese Stadt kannte man einst unter dem Namen Mogador. Sie war jahrhundertelang eine florierende Hafen- und Handelsmetropole.

Früher lebte Essaouira vom Fischfang, von der Herstellung der *garum*-Gewürzpaste und des in Rom besonders geschätzten Purpurfarbstoffs. Er wurde aus Schnecken gewonnen, die auf den Îles Purpuraires vor der Küste lebten.

Die Befestigungsanlagen waren ursprünglich im 15. Jahrhundert von den portugiesischen Besatzern Essaouiras angelegt worden. 1765 beauftragte Sultan Sidi Muhammad ibn Abdullah seinen Gefangenen Nicolas Théodore Cornut, einen aus Avignon stammenden Militärarchitekten, mit ihrem Wiederaufbau. Cornuts Bastionen und die Esplanade spiegeln deshalb zwar Vaubans Stil wider, fügen sich aber harmonisch in die nordafrikanische Architektur ein.

Essaouiras attraktive *medina* (Altstadt) besitzt sieben alte Stadttore, die *kasbah* (Zitadelle) mit den Bastionen Bab Doukkala und Bab Marrakech und das reizvolle jüdische Viertel, die *mellah*.

Der Sultan machte Essaouira zur offenen Stadt für viele Volksgruppen, die sie in eine pulsierende Handelsmetropole verwandelten. Besonders jüdische Zuwanderer erhielten den Rang königlicher Kaufleute. Erst mit der Unabhängigkeit Marokkos erhielt die Stadt ihren heutigen Namen: Im Arabischen bedeutet Essaouira »die schön Gestaltete«.

HEILIGER BERG VON SHATRUNJAYA

GUJARAT, INDIEN

Die Tempelstadt in den Bergen bei Palitana in Westindien ist ein Pilgerzentrum für die Angehörigen einer der beiden Schulen des Jainismus, die Shvetambaras oder »Weißgekleideten«. Sie liegt in einem der wenigen Gebiete, in denen der Jainismus als Religion lebendig ist.

Die Jainis glauben, dass jedes Lebewesen eine unsterbliche Seele besitzt, und streben danach, niemals etwas Lebendiges zu verletzten. Durch Askese hoffen sie, die Seele reinigen zu können, als Ziel des irdischen Lebens. Der Jainismus kennt 24 Propheten, als *tirthankaras* (»Furtbereiter«) weisen sie den Weg von der materiellen in die spirituelle Welt.

Jährlich besuchen etwa 400 000 Jainis den Shatrunjaya, einen ihrer fünf heiligen Berge. Sein Name bedeutet »Ort des Sieges«: ein Hinweis auf die zu bekämpfenden Sünden. Das Heiligtum hat eine tausendjährige Geschichte, die meisten Bauten stammen jedoch aus jüngerer Zeit. Auf den beiden Gipfeln des Berges befinden sich – im wahrscheinlich größten Tempelbezirk der Welt – mehr als 800 marmor-glänzende, den *tirthankaras* geweihte Tempel. Die Jainis glauben, dass die Berge durch Adinath, der hier seine erste Predigt hielt, geheiligt wurden. Er wird denn auch im prominentesten Tempel verehrt – dort, wo während des Frühlingsfestes Akshay Tritiiya die jainische Fastenzeit beendet wird.

KÖNIGLICHE MOSCHEE
SFAHAN, IRAN

Das wohl schönste Bauwerk Isfahans stammt aus der Zeit der Safaniden (1501–1722). Es belegt den Aufstieg sfahans zur prachtvollen Hauptstadt des Reiches.

Masjid-i Shah, die Königliche Moschee (heute Moschee des Imam, erbaut 612–1638), schließt den Platz Naqsch-e Dschahan heute Platz des Imam) nach Süden hin ab. Das riesige rechteckige Areal – 400 auf 145 Meter groß – ist ringsum von doppelstöckigen Arkadengängen und Läden umgeben. Von diesem Platz ging Isfahans städtebauliche Erneuerung aus, nachdem Shah Abbas . (Regierungszeit 1587–629) seine Hauptstadt 590 von Qazvin hierher verlegt hatte. Mittelpunkt von Isfahan war nun nicht mehr die Altstadt mit der Freitagsmoschee, sondern das neue Zentrum, dessen Bebauung vor allem die gesellschaftlichen Stützen repräsentierte: den Shah, die Kaufleute und die Geistlichkeit.

Die Moschee wird von der zwiebelförmigen Kuppel über der Gebetshalle dominiert. Ihr leuchtendes Blau bildet einen lebhaften Kontrast zu den schmucklosen, sandfarbenen Bauteilen. Das Ornamentmuster der Ziegel wurde erst durch eine neue Mosaiktechnik, die »Sieben Farben« *haft-rangi)*, möglich: Dabei wurden die Platten mit verschiedenen Farben bemalt, die durch ölige Substanzen voneinander abgegrenzt wurden. Diese verschwanden dann beim Brennen.

FORT AMBER
JAIPUR, INDIEN

In der Festung, die auf einem Felsrücken bei Jaipur liegt, residierten die Herrscher über Rajasthan. Erbaut wurde sie ab 1592 von Raja Man Singh.

Raja Man Singh war Hindu, diente aber dem muslimischen Mogul-Kaiser Akbar dem Großen (Regierungszeit 1556–1605) als General. Deshalb vereint das aus Marmor und Sandstein erbaute Fort auch zwei verschiedene Architekturstile: Die raffiniert ausgestalteten Innenräume sind typisch für den Mogul-Stil, während die Baukörper des Palastes eindeutig den Hindu-Stil widerspiegeln.

Hinter dem abweisenden Äußeren der Festung mit steilen Mauern und hoch sitzenden Fenstern verbirgt sich eine verwirrende Vielfalt an Höfen, Toren und Hallen, Gärten, Palästen, Wohnbereichen, Tempeln und säulengetragenen, teilweise reich geschmückten Pavillons. Die zahlreichen schmalen Treppen lassen sich von nur wenigen Soldaten verteidigen, und durch die Verwendung von Rampen konnten sich auch Reiter im Inneren bewegen. Auf heutige Besucher wartet eine besondere Attraktion: Dutzende Elefanten und ihre Führer warten am Fuß der Anlage, um die Touristen auf dem Rücken der Dickhäuter hinauf zum Tor und ins Innere der Festung zu bringen.

PERSEPOLIS

FARS, IRAN

Bevor die Stadt von Alexander dem Großen im Jahr 330 v. Chr. geplündert und niedergebrannt wurde, war Persepolis eine der größten Städte seiner Zeit. Es vereinigte Einflüsse aus Assyrien, Griechenland, Ägypten und Babylon.

Darius der Große, Regent von 522 bis 486 v. Chr., begann im Jahr 518, die neue Königsstadt als Alternative zur Hauptstadt Pasargadae anzulegen. Die gut erhaltenen Ruinen von Persepolis, die auf mehreren Terrassen am Fuß des Bergs Rahmat liegen, bieten auch heute noch einen spannenden Einblick in die glanzvolle Kultur der Achämeniden-Kaiser. Riesige Hallen und Paläste mit zahllosen Säulenreihen machten damals dem Besucher deutlich, dass er einem mächtigen Herrscher gegenüberstehen würde, dem es zu huldigen galt. Eine gewaltige, mit Reliefs geschmückte Steintreppe war so breit, dass der Kaiser und sein Gefolge nebeneinander auf Pferden herabreiten konnten. Sie führte zum ersten Palast hinauf, in dem 10 000 Menschen untergebracht werden konnten.

Nach ihrer Zerstörung geriet die Stadt in Vergessenheit. Unter den Einheimischen war sie nur als »Ort der vierzig Säulen« bekannt (nach der Anzahl der noch stehenden Säulen). Erst im 17. Jahrhundert wurde der Ort als Persepolis identifiziert. Hundert Jahre später begann man mit archäologischen Ausgrabungen.

PIAZZA DEL DUOMO
PISA, ITALIEN

Der mittelalterliche Domplatz von Pisa stellt mit seinen in weißem Marmor erstrahlenden Gebäuden weltweit eines der bekanntesten Bauensembles dar.

Auf der Piazza finden sich vier große Bauwerke: der Friedhof oder Camposanto, das Baptisterium, der Dom und der frei stehende Glockenturm (Campanile). Sie alle besitzen einheitliche Stilelemente wie die offenen Arkaden und schmückenden Marmorinkrustationen. Die Bischofskirche, die 1118 geweiht wurde, gilt als einer der Initialbauten der toskanischen Romanik und wurde zum Vorbild für spätere Dombauten in der Region.

Das bei weitem bekannteste Gebäude auf dem Campo von Pisa ist aber der 55 Meter hohe »Schiefe Turm« (erbaut 1173–1370). Von 1990 an war er zehn Jahre für das Publikum geschlossen, in dieser Zeit wurden umfangreiche Sanierungsmaßnahmen in die Wege geleitet, um die Neigung zu verringern. Zuvor hatte sich der tatsächliche Winkel von 5,5 Grad nicht einmal mehr in Computersimulationen abbilden lassen: Die Modelle brachen beim Erreichen von 5,44 Grad zusammen. Dass der Turm nicht einstürzte, liegt am angenommenen Gewicht von 16 000 Tonnen. Heute beträgt der Neigungswinkel etwa 4 Grad. Man hätte den Campanile auch in eine senkrechte Position bringen können – doch wo bliebe da die Attraktivität?

STUPAS VON INLE

YWAMA, INLE-SEE, MYANMAR

Der Süßwassersee im östlichen Myanmar (Burma) ist Heimat der Intha (»Seevolk«), die ein besonderes Ökosystem geschaffen haben.

Die Intha sind fromme Buddhisten, und so erheben sich rund um den Inle-See viele Pagoden und einige Klöster. Nga Phe Kyaung ist ein Mitte des 19. Jahrhunderts aus Holz direkt am Ufer errichtetes Kloster. Es wird von insgesamt 600 Teakholzpfeilern getragen, die teilweise vergoldet sind. Bei Touristen bekannt ist es für seine dressierten Katzen, die für Futter durch Reifen springen.

In der buddhistischen Architektur Myanmars werden Ziegelsteine und Stuck weiß bemalt, um den Eindruck von Steinbauten zu vermitteln – so auch bei den markanten Pagoden bei Ywama (rechts). Im dritten Jahrhundert v. Chr. soll König Thiri Dhamma Thawka den Bau von 84 000 Pagoden veranlasst haben. In Hpaung Daw U, der wichtigsten am Inle-See, wird jeden Herbst ein großes Fest gefeiert.

Die Intha leben in Pfahlbauten an den Ufern des flachen Gewässers. Wichtigstes Verkehrsmittel ist das Boot, das von Beinruderern navigiert wird (stehend lassen sich die Schlingpflanzen im See besser erkennen). Interessanter noch sind die ertragreichen schwimmenden Felder auf dem See, die aus getrocknetem Schilf, Erde und Wasserhyazinthen bestehen und mit Bambuspfählen am Seeboden befestigt sind.

GROSSE MOSCHEE
DJENNÉ, MALI

Der größte Lehmbau der Welt ist ein herausragendes Beispiel für die Architektur des subsaharischen Afrika – überwältigend schön und durch seinen Baustoff mit der Natur im Einklang.

Der Islam drang auf den großen Handelsrouten in die Gebiete südlich der Sahara vor. Djenné liegt im Übergangsgebiet von Savanne und Wüste. Eine Lehm-Moschee gab es hier mindestens seit 1330, im frühen 19. Jahrhundert soll sie laut eines Berichts aber verfallen gewesen sein. Die damalige Kolonialverwaltung ordnete deshalb den Bau eines neuen Gotteshauses an.

Die bestehende Freitagsmoschee in Djenné, die »Große Moschee«, zeigt in monumentalem Maßstab die für die Sahelzone typische Bauweise, vergleichbar etwa den lokalen Dogon-Bauten. Im Grunde ist sie eine Art riesiger, hohler Termitenbau. Ihre größten Feinde sind die Elemente – zum Schutz vor Überschwemmungen steht sie auf einer Fundamentplatte. Wegen der Höhe der Minarette musste der Lehmschlamm der Mauern besonders dicht gepackt werden. Für die Festigkeit des Baus sorgen die horizontalen Balken aus Palmenholz, die aus den Außenmauern herausragen. Bei der jährlichen »Moschee-Ausbesserung« finden sich die Menschen zusammen, um neue Lehmschichten aufzutragen und die von Sonne und Wind verursachten Schäden auszubessern.

CHÂTEAU DE CHAMBORD
CHAMBORD, FRANKREICH

Das Königsschloss Chambord im Tal der Loire ist ein Hauptwerk französischer Renaissance-Architektur. Auf extravagante Weise verbindet es französische Traditionen mittelalterlich-feudalen Bauens mit den Neuerungen der italienischen Renaissance.

1519 wurde damit begonnen, für König Franz I. im wildreichen Forst der Sologne ein Schloss zu errichten. Der Herrscher investierte beträchtliche Summen in den Bau, der vermutlich von dem Italiener Domenico da Cortona entworfen wurde. 1537 war das Schloss vollendet: ein prunkvolles, reich geschmücktes Gebäude mit einer 128 Meter langen Fassade, 440 Zimmern, 365 Kaminen, mehr als 80 Treppenhäusern, umgeben von 5400 Hektar Wald.

Eines der Meisterwerke des Baus ist das halboffene Treppenhaus mit zwei gegenläufigen Wendeltreppen. Sie erlauben es dem Besucher, nach oben zu gelangen, ohne von den Herabschreitenden gesehen zu werden. Das geniale Konzept dieser Treppenanlage wird häufig Leonardo da Vinci zugeschrieben, der lange in Frankreich unter königlichem Schutz gelebt hatte. Trotz aller Mühen und Kosten, die König Franz auf den Bau verwendet hatte, verbrachte er nur zwei Monate seiner Regierungszeit (1515–1547) hier. Insgesamt war das Schloss in seiner langen Geschichte nur zwanzig Jahre lang bewohnt.

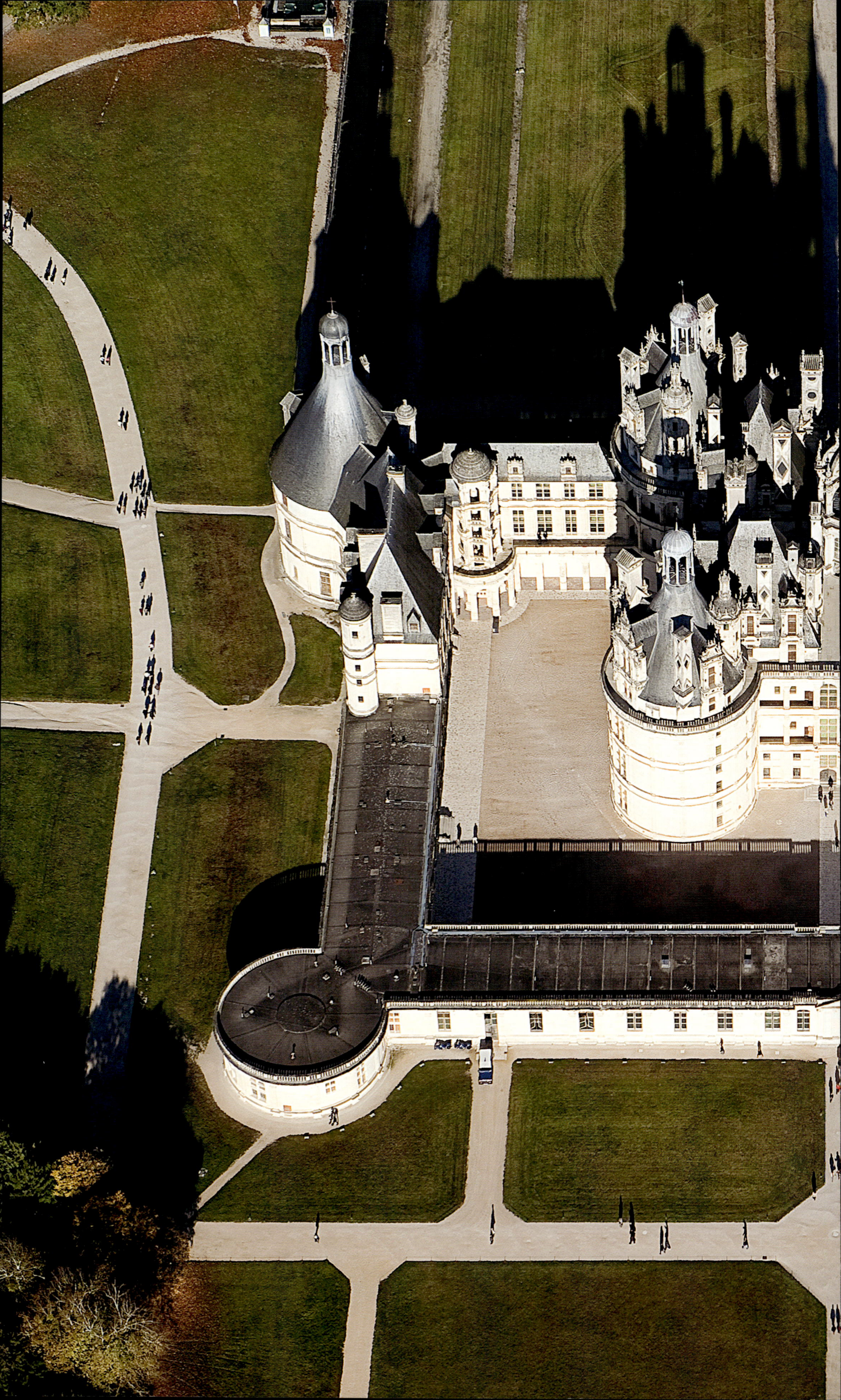

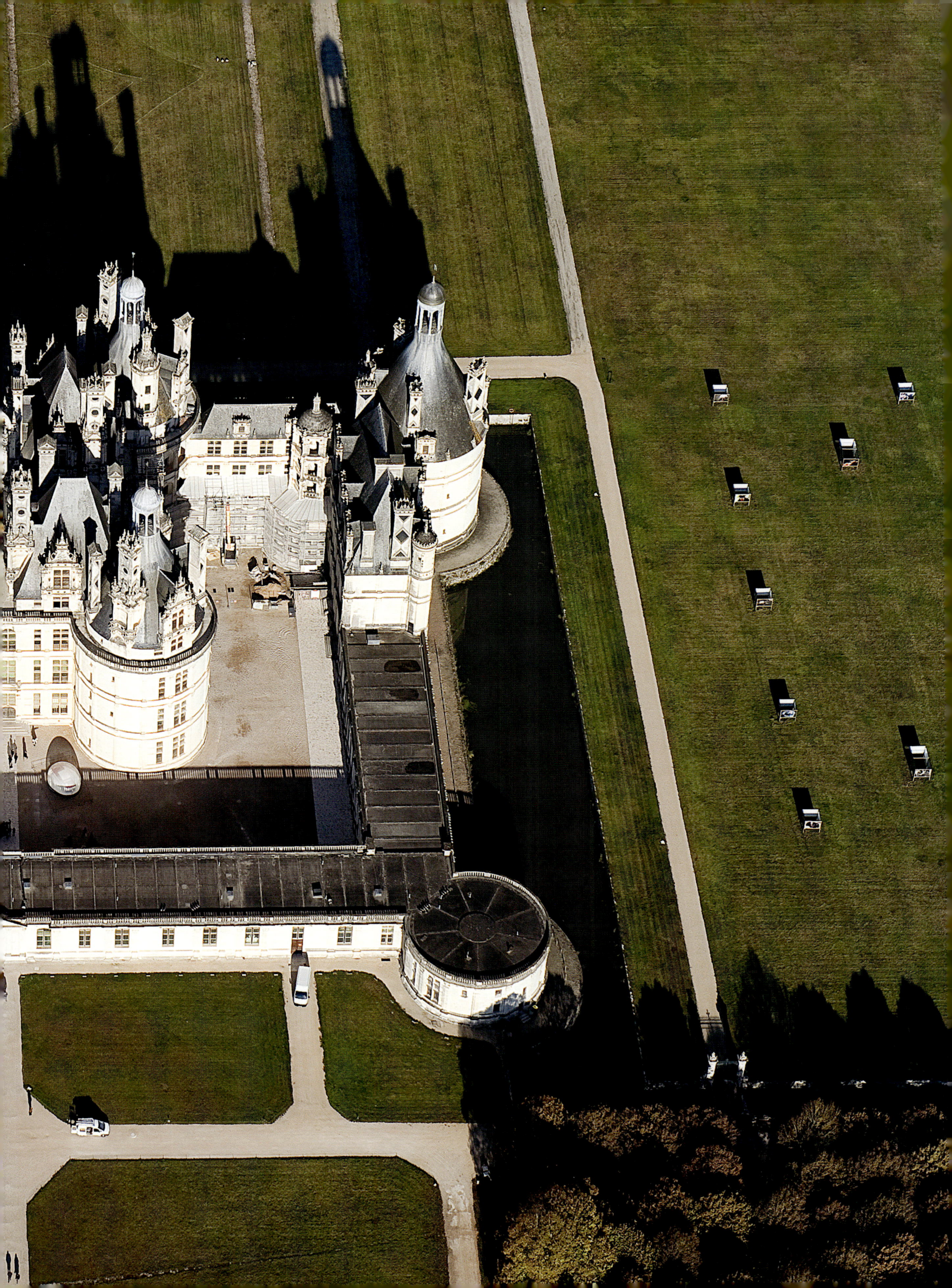

GROSSE MAUER
CHINA

»Die Mauer der zehntausend Li« *(wanli changcheng*: »unendlich lang«) ist in Wirklichkeit ein weitläufiges Netz verschiedener Verteidigungsanlagen. Sie wurden unter dem ersten Kaiser von China, Qin Shihuangdi (Regierungszeit 221–210 v. Chr.), begonnen.

Ursprünglich war die Mauer aus gestampfter Erde erbaut worden. In regelmäßigen Abständen waren Wachtürme integriert. Die kettenartige Festungsanlage zog sich einst fast 6000 Kilometer, von der Bucht von Bohai im Osten bis zum Jade-Tor in der Gansu-Wüste im Westen. Eine offizielle Untersuchung von 2012 gab die Gesamtlänge mit unglaublichen 21 000 Kilometern an. Heute bilden nicht mehr die Reitervölker der Steppe, sondern Regen, Sandstürme und der Massentourismus die größten Gefahren für das gigantische Bauwerk.

Die Mauer folgt harmonisch und ganz im Sinn des Taoismus der gewellten Landschaft. Viele Dynastien haben einzelne Abschnitte neu gebaut, deren bekannteste man bei Mutianyu und in den Badaling-Hügeln nördlich von Peking findet (aus der Ming-Zeit, 1368–1644). Die mit Zinnen versehenen Segmente wurden aus Stein mit einem aus Reismehl hergestellten Mörtel errichtet; auf ihnen verlaufen gepflasterte Straßen. Im Juni 2012 wurden weitere Abschnitte zugänglich gemacht.

TOTENTEMPEL DER HATSCHEPSUT
DEIR EL-BAHRI, ÄGYPTEN

Vor allem die grandiose Lage zu Füßen eines steilen Kalkmassivs verleiht diesem Tempel seine einzigartige Wirkung.

Königin Hatschepsut (Regierungszeit etwa 1479–1458 v. Chr.) ließ ihren Tempel in der Landschaft um Deir el-Bahari nach dem Vorbild seines kleineren Nachbarn (links im Bild) errichten: dem 500 Jahre älteren Totentempel Mentuhoteps II. Hatschepsuts elegantes Baudenkmal besteht aus mehreren Terrassen mit Kolonnaden und wird durch Rampen erschlossen. Der zentrale Vorhof war einst von wohlduftenden Bäumen umstellt. 1997 wurden hier 62 Menschen brutal von Terroristen ermordet. Seither wird die Tempelstätte, die ihre alte Anziehungskraft wieder zurückgewonnen hat, streng bewacht.

Das Tal der Könige und das Tal der Königinnen liegen jenseits des Berges, in den der Tempel hineinragt. Hatschepsut besaß dort zwei Gräber, in keinem jedoch wurde eine Mumie gefunden. Dafür könnte Pharao Thutmosis III. verantwortlich gewesen sein – es ist bekannt, dass er jede Erinnerung an einen weiblichen Herrscher in seiner Dynastie auslöschen wollte. Erst 2007 konnte bewiesen werden, dass es sich bei den Gebeinen aus einem nicht königlichen Grab um diejenigen des bedeutendsten weiblichen Pharaos handelt.

KÖLNER DOM
KÖLN, DEUTSCHLAND

Auch wenn der Grundstein für die Kölner Bischofskirche bereits 1248 gelegt wurde: Die meisten Arbeiten wurden erst 1880 beendet – also 632 Jahre später.

Seit dem 4. Jahrhundert gab es am Standort des Doms eine christliche Kirche. Aber erst nachdem Kaiser Friedrich Barbarossa 1164 dem Erzbischof die Reliquien der Heiligen Drei Könige geschenkt hatte, wurde Köln zum Anziehungspunkt für Pilger. Um 1225 entstand deshalb der Plan, die größte Kathedrale des Heiligen Römischen Reichs zu bauen. Bis zur Weihe des gotischen Chors im Jahr 1322 schritten die Bauarbeiten rasch voran, doch schließlich fehlte es an Mitteln und dem nötigen Willen und die Arbeiten wurden 1530 eingestellt. Ein Holzdach sollte den unvollendeten Bau schützen.

Im 19. Jahrhundert wurden dank bürgerlichen Engagements, Lotterie-Spenden, staatlicher Unterstützung und einer allgemeinen Begeisterung für den gotischen Stil die Bauarbeiten wieder aufgenommen. Dabei folgte man den mittelalterlichen Plänen, wendete jedoch moderne Bautechniken an.

Der Dom ist der größte Kirchenbau Deutschlands. Sein goldener Dreikönigsschrein bildet auch heute noch den größten Schatz, doch mit dem Gero-Kreuz (um 976 entstanden) – dem ältesten großen Kruzifix Nordeuropas – besitzt er eine weitere einmalige Kostbarkeit.

HOTEL

SHWEDAGON-PAGODE
RANGUN, MYANMAR

Aus einem Wald kleiner Schreine ragt die goldglänzende Pagode von Shwedagon in Rangun (Yangon) 100 Meter empor. Sie verbindet elegant indische und sri-lankische Elemente der *stupa*-Architektur mit dem nach oben spitz zulaufenden Pagodentyp Myanmars.

Die majestätische Shwedagon-Pagode (»Goldener Hügel«) ist das wichtigste buddhistische Heiligtum Myanmars und erhebt sich auf dem Singuttara-Berg. Man weiß, dass bereits im 11. Jahrhundert ein Vorgängerbau existierte. Der Brauch, Pagoden zu vergolden, geht auf das späte 15. Jahrhundert zurück. Im Lauf der Zeit wurde die Shwedagon-Pagode wiederholt durch Erdbeben zerstört, bei jeder Erneuerung vergrößert und von den jeweiligen Herrschern noch aufwendiger und wertvoller ausgestattet.

Bei einem Erdbeben stürzte 1768 die Spitze des *stupa* ein. Daraufhin wurde der bestehende Bau errichtet. Die Verarbeitung von Tausenden von Goldbarren verleiht der Pagode ihren authentischen Glanz. Mit dem bloßen Auge kaum zu erkennen sind die wertvollen Edelsteine, mit denen die oberen Teile besetzt sind. Neben 5448 Diamanten und 2317 Rubinen wurden 1065 goldene Glöckchen angebracht. Der Ehrenschirm auf der Spitze der Pagode *(hti)* enthält einen 76 Karat schweren Diamanten, der 1871 gespendet wurde.

ZIPSER BURG
SPIŠSKÉ PODHRADIE, SLOWAKEI

Die Zipser Burg erhebt sich in mehr als 200 Meter Höhe auf einem Travertinkegel, der aus der Ebene emporragt. Sie liegt an alten Handelsstraßen und ist eine der größten Befestigungsanlagen Europas.

Bereits Kelten und Slawen erkannten die strategischen Vorteile und ließen sich hier nieder. Seit dem Baubeginn im 12. Jahrhundert kämpften Feudalherren um die Festung. 1241 hielt sie der Belagerung durch Tataren stand, und 1312 scheiterte der mächtigste ungarische Adlige seiner Zeit, Matthäus Csák von Trentschin, an ihren Mauern. Ständig militärischen Angriffen ausgesetzt, wurde die Wehranlage, deren Grundfläche über 40 000 Quadratmeter beträgt, im Lauf der Jahre mehrfach verändert. So entstanden Bautrakte im Stil der Gotik und Renaissance.

Zips befand sich im Besitz verschiedener Dynastien, zu denen auch die Habsburger gehörten. 1780 aber zwang ein Brand die Familie Csáky zur Aufgabe der Burg. Fortan lieferte sie das Baumaterial für die Herrenhäuser, die in den umliegenden Dörfern errichtet wurden. Schließlich verfiel die Burg, 1961 wurde die Ruine zum nationalen Kulturdenkmal erklärt. Seit der Restaurierung gibt es ein Museum, der untere Schlosshof, die Wallanlagen und das Vorwerk sind öffentlich zugänglich.

;CHLOSS NEUSCHWANSTEIN

BAYERN, DEUTSCHLAND

m Zuckerbäckerstil der Romantik errichtet und nbegriff eines Märchen-schlosses, diente der Bau im 19. Jahrhundert als Rückzugsort seines königlichen Schöpfers. ronie des Schicksals: Der Ort zieht heute über eine Million Touristen pro Jahr an.

König Ludwig II. von Bayern, der von 1864 bis 1886 regierte, gilt als exzentrischer Herrscher mit einer Vorliebe für extravagante Bauprojekte. Da seine tatsächliche politische Macht begrenzt war, sollten die von ihm n Auftrag gegebenen Schlösser ein »Königreich« suggerieren, in dem er wie ein wirklicher Machthaber herrschen konnte.

Ludwig hatte »die Absicht, die alte Burgruine Hohenschwangau bei der Pöllatschlucht neu aufbauen zu lassen, m echten Styl der alten deutschen Ritterburgen«. Der König war von der Musik Richard Wagners geradezu besessen – dem Komponisten sagte er, das geplante Schloss würde ihn an »Tannhäuser« und »Lohengrin« erinnern, als ob es das Bühnenbild für eine Oper wäre.

Das Schloss, das großen Einfluss auf Walt Disney ausübte, wurde 1869 begonnen und nie ganz vollendet. Seine Ziegelmauern wurden mit Kalkstein verkleidet. Der Name Neuschwanstein kam übrigens erst nach Ludwigs Tod auf, für ihn war es immer die Neue Burg Hohenschwangau.

GROSSE MOSCHEE
CÓRDOBA, SPANIEN

Die als Mezquita bekannte Moschee ist der eleganteste Beleg für die hohe Kunst der spanischen Umayyaden, der die Jahrhunderte überdauert hat. Heute wird der Bau als Kathedrale genutzt.

Ab dar-Rahman, der Herrscher Córdobas, begann den Bau im Jahr 786. Er wurde zu einem Muster islamischer Architektur in einer Stadt, die unter ihren Kalifen einen Grad von Kultiviertheit erreicht hatte, der einzig von Konstantinopel und Bagdad übertroffen wurde. In Anspielung auf die syrischen Wurzeln der Herrscherdynastie ist der *mirhab*, die Gebetsnische, nach Damaskus und nicht nach Mekka ausgerichtet.

Einem äußeren Hof mit Orangenbäumen entspricht im Innern ein flächenmäßig gleich großer Gebetsraum. 850 Säulen aus Jaspis und Granit und 400 in Zweierreihen aufgesetzte Hufeisenbögen in den 19 Schiffen des Gebäudes bilden einen atemberaubenden architektonischen »Wald«. Die sinnliche Wirkung wird dadurch erhöht, dass die Bögen sich aus roten Ziegel- und hellen Kalksteinen zusammensetzen.

Nach der Reconquista wurde die Moschee 1236 zur Kathedrale geweiht. Bis in die jüngste Zeit war das Baudenkmal ein Symbol west-östlicher Symbiose. Jüngst provozierte die Kampagne für die Wiederzulassung muslimischer Gebete in dem Bau eine Debatte über den Platz der Mezquita in einem sich wandelnden Spanien.

POMPEJI
ITALIEN

Als im Jahr 79 der Vesuv ausbrach, konnten die meisten Einwohner Pompejis aus der Stadt fliehen. Jene 2000 aber, die ausharren wollten, sind zu den versteinerten Hauptdarstellern eines einzigartigen Dramas geworden.

Die Zurückgebliebenen wurden von Asche und giftigen Gasen erstickt. Fast 1700 Jahre lang waren sie unter Bims- und Tuffstein begraben, bis Pompeji 1738 freigelegt wurde: Vieles in der Stadt war intakt geblieben, so zum Beispiel die gepflasterten Straßen (rechts) oder das komplizierte Wasserversorgungssystem. Man erkennt die Wohnungen der Armen und die luxuriösen Herrenhäuser der Reichen mit ihren Wandmalereien. Neben den vertraut wirkenden Tempeln und Bädern und dem Amphitheater stößt man auf private Heiligtümer, Läden, Imbissbuden und ein Bordell. Anhand erhalten gebliebener Exkremente konnte sogar gezeigt werden, wie sich die Menschen in Pompeji ernährten und ob sie gesund waren. Tausende von Fundgegenständen, aber auch Graffiti, Liebesbotschaften und politische Parolen erlauben einen tiefen Einblick in das Alltagsleben, die Kultur und Sitten und Gebräuche einer römischen Provinzstadt.

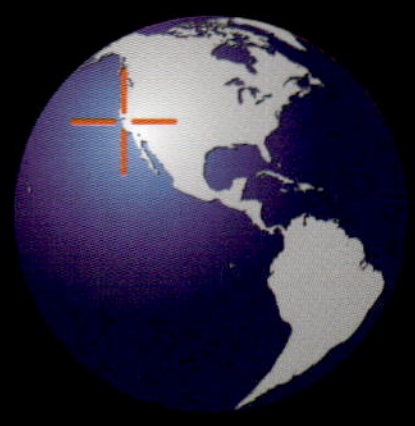

GOLDEN-GATE-BRÜCKE
SAN FRANCISCO, USA

Die stählerne Hängebrücke mit ihren Art-déco-Elementen überspannt die 1,6 Kilometer breite Meerenge zwischen Pazifischem Ozean und der Bucht von San Francisco. Sie verbindet die Stadt mit dem kalifornischen Marin County.

Die Meerenge erhielt den Namen Golden Gate 1846 von Captain John C. Frémont, den sie an das Goldene Horn bei Istanbul erinnerte. Zwar gab es schon zuvor Pläne für den Bau einer Brücke, doch die durch Anleihen finanzierten Bauarbeiten unter Chefingenieur Joseph B. Strauss begannen erst im Jahr 1933. Im November 1936 wurden die beiden Bauabschnitte miteinander verbunden, im April des folgenden Jahres wurde die letzte Niete eingeschlagen. Anlässlich der Eröffnung der Brücke im Mai schrieb Wills O'Brien im San Francisco Chronicle: »Gestern wurde ein Collier von auserlesener Schönheit um den zierlichen Hals von San Francisco gelegt.«

Die Brücke hat einen hellroten Anstrich, da sich der warme Farbton gut in das Landschaftsbild einfügt und ihre Sichtbarkeit bei Nebel erhöht: In der Bucht entsteht häufig sogenannter Advektionsnebel, wenn feuchte Luft vom 67 Meter unter der Brücke gelegenen Meer auf die kühleren Luftströmungen an der Küste trifft. Alljährlich überqueren etwa 41 Millionen Fahrzeuge das Bauwerk, das bisher nur dreimal wegen Sturms geschlossen wurde.

MEDINA VON SOUSSE
TUNESIEN

In der Stadt lebten einst Phönizier, Römer und Vandalen, die Byzantiner nannten sie Justinianopolis. Als sich im 7. Jahrhundert die ersten Araber hier niederließen, gaben sie ihr den Namen Susa.

Auf diesen alten Grundmauern erhebt sich das tunesische Sousse als gutes Beispiel für die Geschichte des islamischen Städtebaus. Die Stadt besitzt Verteidigungsanlagen an der Meeresküste, da die arabischen Aghlabiden (800–909) einen Überfall der christlichen Normannen aus Sizilien fürchteten. Die Altstadt oder *medina* ist von einer fast zwei Kilometer langen Mauer umgeben, die um 859 auf byzantinischen Fundamenten errichtet wurde. Die behauenen Steinquader stammen von römischen Ruinen der Umgebung. Zwei der ursprünglichen sechs Stadttore sind erhalten, ebenso der 30 Meter hohe Turm Khalaf (Bildmitte oben) von 859.

Der Turm, der den ersten Wachposten der Grenzfestung (arabisch *ribat)* aus der Zeit der Aghlabiden ersetzte, war der wichtigste Ausguck der Stadt. Beim Bau der Burg oder *kasbah* im 11. Jahrhundert wurde er in die Festungsanlage integriert. Der *ribat* von Sousse war beides, ein militärischer und ein sakraler Bau: Die Männer, die ihn ursprünglich bewohnten, waren sogenannte *marabout*, »heilige Männer«, die von hier aus 827 zur Eroberung Siziliens aufbrachen.

TRAJANSBOGEN
IMGAD, ALGERIEN

Jahrhundertelang war das »Pompeji Afrikas« unter dem Sand begraben. Kaiser Trajan hatte es um das Jahr 100 als Bollwerk gegen die aufständischen Berber im Aurès-Gebirge geplant.

Die neue Kolonie namens Colonia Marciana Ulpia Traiana Thamugadi ließ Trajan in erster Linie für römische Veteranen der Legion III Augusta anlegen, die im Fall einer gewaltsamen Unterbrechung der Getreidelieferungen nach Rom bereitstehen sollten.

Die Ruinen der Stadt liefern ein gutes Beispiel für die Gitterstruktur römischer Stadtgründungen. Die quadratische Anlage wird in Nord-Süd- und Ost-West-Richtung von den beiden Hauptstraßen durchschnitten. Sie umfasst ein Forum, ein großes Freilichttheater, eine beträchtliche Anzahl von Bädern, eine große Bibliothek, eine Basilika und den Kapitolinischen Tempel. Neben Wohnhäusern, Läden und Tavernen bilden sie die wichtigsten Gebäudegruppen Timgads.

Ursprünglich für etwa 0 000 Einwohner geplant, wuchs die Stadt bald über ihre vorgesehene Fläche hinaus. Das westliche Stadttor wurde daraufhin durch den Trajansbogen ersetzt (rechts). Die seitlichen Durchgänge dieses monumentalen Tors waren für Fußgänger vorgesehen, der mittlere Bogen war breit genug, um Streitwagen und Fuhrwerke durchzulassen.

LA SAGRADA FAMÍLIA
BARCELONA, SPANIEN

Die Kirche der Heiligen Familie war ein ehrgeiziges architektonisches Langzeitprojekt des katalanischen Architekten Antoni Gaudí. Als er 1926 starb, war sein Hauptwerk noch lange nicht vollendet.

Gaudí übernahm den Auftrag 1883 und widmete sein Leben fortan der Vision einer Verschmelzung von Natur, Heiliger Schrift und Liturgie: Der gesamte Bau sollte eine Allegorie des christlichen Glaubens sein. Das Gebäude besitzt drei Fassaden, jeweils mit Darstellungen von Jesu Geburt, seinem Tod und der Auferstehung. Die Passions-Fassade (rechts) ist nach Westen ausgerichtet, sodass jeder Sonnenuntergang symbolisch seine Schatten über sie legt. Ihre drei Portale sind den christlichen Tugenden Glaube, Liebe, Hoffnung geweiht, die vier Glockentürme vier Aposteln.

Wenn sie einmal fertiggestellt ist, wird die Kirche 18 Glockentürme besitzen. Die Türme wurden ohne innere oder äußere Gerüste erbaut, und die fließenden Formen der Säulen im Kirchenschiff erinnern an einen Wald (folgende Doppelseite). Die organischen Formen der Natur übten den größten Einfluss auf Gaudí aus und so wirkt die ausdrucksstarke, statisch gewagte Kirchenarchitektur mit ihren Farben und Oberflächen, ihrer Geometrie und gelegentlichen Asymmetrie wie eine gigantische Naturerscheinung. 2010 weihte Papst Benedikt XVI. das Bauwerk zur Basilika.

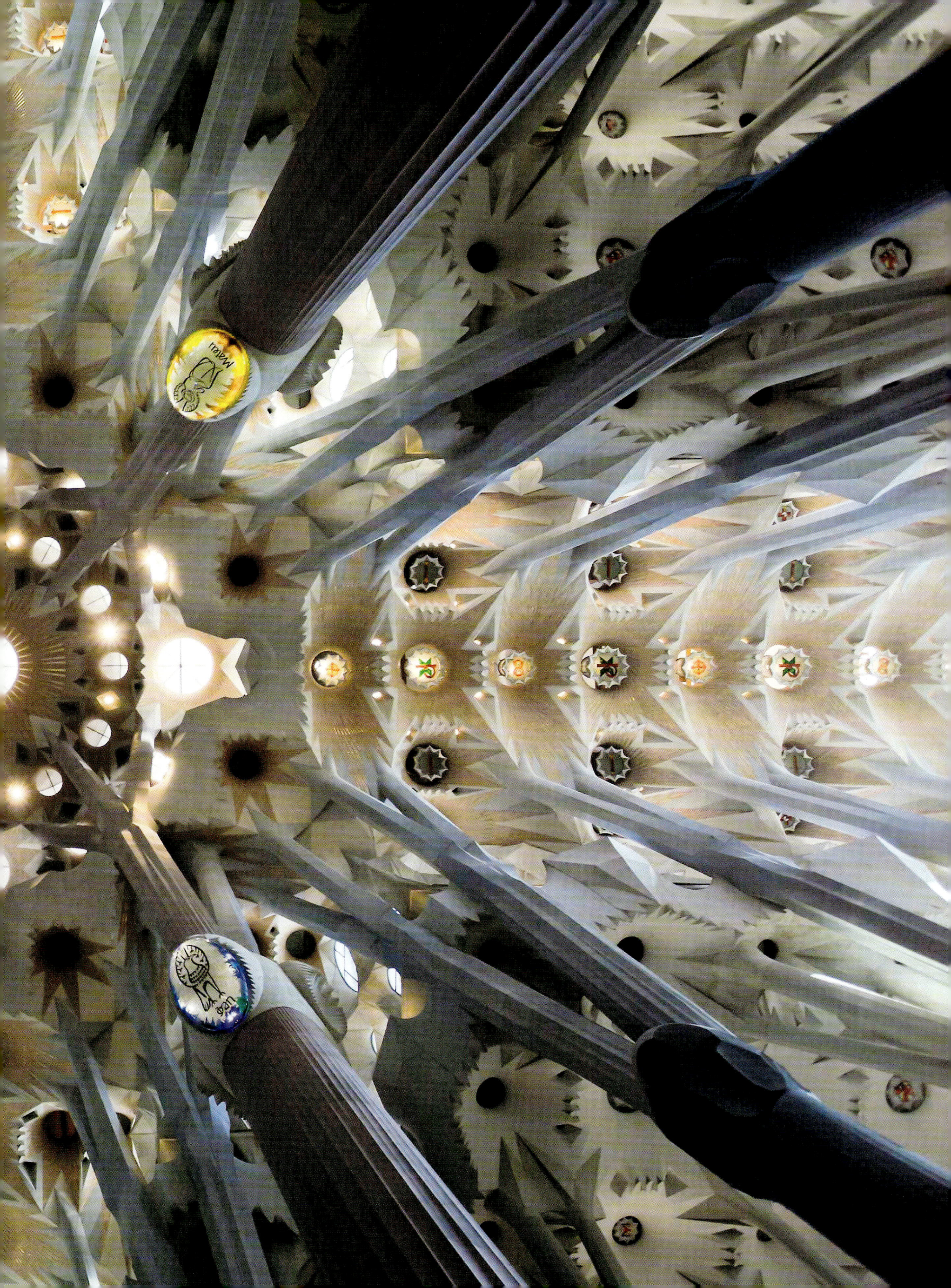
Mateu

BURJ KHALIFA
DUBAI, VEREINIGTE ARABISCHE EMIRATE

Vor gerade einmal einer Generation befand sich hier nichts als Wüste. Heute beherrscht der Burj Khalifa das moderne »Dubai Downtown«. Zum ersten Mal steht das höchste Bauwerk der Welt in Arabien.

»Dubai Downtown« ist mit seinem Einkaufszentrum und den Wasserspielen das Vorzeigeprojekt von Emaar Properties, einem Dubaier Immobilienunternehmen. Das Mehrzweck-Megaprojekt soll vom noch jungen Wohlstand im mittleren Osten künden.

Der Burj Khalifa ist eine vertikale Stadt in Anlehnung an das Mile High Illinois, ein Projekt, das Frank Lloyd Wright 1956 für Chicago plante. Für die Vereinigten Arabischen Emirate ist der elegante Hochhausturm der Beweis, dass Islam, Globalisierung und Moderne friedlich koexistieren können. Das Hochhaus besteht aus einem mit Aluminium und Glas verkleideten Stahlbetongerüst, in dem 828 Meter hohen Gebäude wurde so viel Metall verbaut wie bei fünf Airbus-Flugzeugen vom Typ A380. Aneinandergereiht umspannt das gesamte Armierungsmaterial (über 31 000 Tonnen) ein Viertel des Erdumfangs. Und damit ist keineswegs Schluss mit den Superlativen: Der Burj Khalifa ist das höchste Gebäude der Welt, die höchste freistehende Konstruktion und er besitzt die höchste Aussichtsplattform.

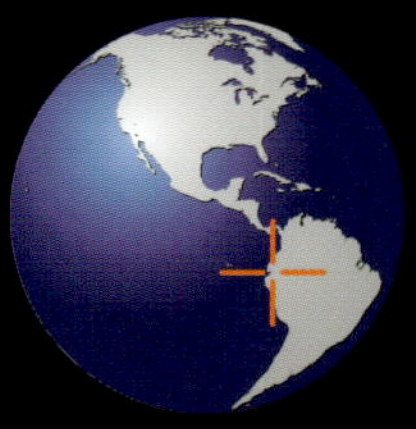

Kathedrale der Unbefleckten Empfängnis

Cuenca, Ecuador

1557 gründete der spanische Vizekönig auf den Ruinen von Tumibamba, der zweitwichtigsten Inka-Siedlung, die Stadt Santa Ana de los Cuatro Rios de Cuenca.

Das Inka-Reich hatte unter König Huayna Cápac seine größte Ausdehnung. Regiert wurde es von einem Palast aus, der in der Nähe des heutigen Cuenca lag. Nach dem Tod des Regenten um 1530 zerbrach das Reich, der spanische Eroberer Francisco Pizarro hatte leichtes Spiel beim Sieg über die zerstrittenen Nachfolger.

Cuenca selbst ist auf den Fundamenten alter Paläste errichtet worden: Wer über seine gepflasterten Straßen spaziert, stößt inmitten bezaubernder Kolonialarchitektur überall auf die Spuren der Inka. Im Zentrum der Stadt liegt deren ältestes Bauwerk, die Iglesia del Sagrario (1557). Für den Bau der ehemaligen Kathedrale wurden Steine aus den Ruinen der nahegelegenen Inka-Stadt Pumapungo verwendet.

1885 begannen die Bauarbeiten an einer neuen Kathedrale, die der Unbefleckten Empfängnis geweiht war (rechts). Sie wurde erst 1967 vollendet, und es heißt, ihr gewaltiger Innenraum hätte damals fast die gesamte Einwohnerschaft Cuencas fassen können. Ihre himmelblauen Kuppeln ragen weit über die Stadt empor, und ihre Glasfenster zeigen christliche und indigene Bildmotive, etwa Sonne und Mond.

AMPHITHEATER
EL DJEM, TUNESIEN

Als größtes Amphitheater Nordafrikas konnte El Djem bis zu 35 000 Zuschauer fassen. Einst war es der Schauplatz blutiger Tierkämpfe, heute finden hier klassische Konzerte statt.

Das moderne El Djem ist nicht weiter bemerkenswert, doch die römische Vorgängersiedlung Thysdrus war einst ein wohlhabendes Zentrum der Olivenölherstellung. In den ersten nachchristlichen Jahrhunderten entstanden hier zahlreiche elegante Villen. Das Amphitheater wurde nach 230 unter dem Proconsul Gordian erbaut. Als 238 sein Enkel Gordian III. zum Kaiser erhoben wurde, könnte der weitere Ausbau des Theaters ein Zeichen der Anerkennung für die Treue der Stadt gegenüber der Herrscherfamilie gewesen sein.

Ende des 17. Jahrhunderts wurde eine Wand des Theaters gesprengt. Dennoch sind die Kammern unter der Arena gut erhalten. Erdgeschossgalerie und Luftschächte sind klar erkennbar, und die unterirdischen Korridore mit den Käfigen für wilde Tiere sind sogar zugänglich. Mosaiken in den umliegenden Villen deuten darauf hin, dass man in Thysdrus besonders an blutigen Spektakeln mit Tieren interessiert war. Es geht das Gerücht, dass irgendwo unter dem Theater ein Transporttunnel beginnt, der einst bis zur mehr als 160 Kilometer entfernten Mittelmeerküste geführt haben soll.

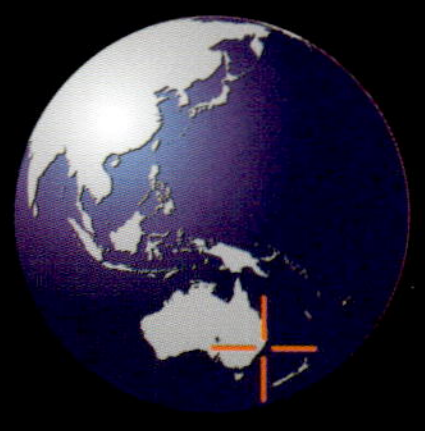

OPERNHAUS SYDNEY
NEW SOUTH WALES,
AUSTRALIEN

Durch seine Lage am Wasser, seine Nähe zur Harbour Bridge und seine markante Dachkonstruktion, die an geblähte Segel erinnert, wurde das Opernhaus von Sydney zu einer Ikone der Baukunst.

Das einzigartige Gebäude ist heute das Markenzeichen Australiens, doch der Weg zu seiner Vollendung war holprig. Als der dänische Architekt Jørn Utzon 1957 den Wettbewerb gewann, lag seinem modernistischen Projekt lediglich ein grober Entwurf zugrunde. Während dann der granitverkleidete Sockel und die charakteristischen gekrümmten Schalen des Dachs errichtet wurden, mutierte die Baustelle zum Testgelände. Allein die Entwicklung der – über eine Million – glasierten Dachfliesen zog sich über Jahre hin. Wegen der anhaltenden Auseinandersetzungen verließ Utzon 1966 Sydney.

1999 wurde er dann gemeinsam mit seinem Sohn Jan wieder angestellt. Als Berater sollten sie dabei mitwirken, das Gebäude behutsam an die Erfordernisse der Zukunft anzupassen. Die Empfangshalle wurde in einen lichterfüllten Raum verwandelt, der 2004 nach Utzon benannt wurde. 2006 wurde eine Wand mit Fenstern eingesetzt, die den Blick vom Foyer auf den Hafen freigeben. Jørn Utzon starb 2009 im Alter von neunzig Jahren. Zwei Jahre zuvor war sein Meisterwerk in die Welterbeliste der Unesco aufgenommen worden.

TERRAKOTTA-ARMEE

XI'AN, CHINA

Beim Bau eines Brunnens fanden Bauern 1974 Teile von 2000 Jahre alten Skulpturen, die zur Terrakotta-Armee von Kaiser Qin Shihuangdi gehörten. Sie sollte den ersten Herrscher der Qin-Dynastie im Jenseits beschützen.

In den Jahren nach der Entdeckung stieß man auf eine Reihe von Gräben, die zu einem gigantischen, 56 Quadratkilometer großen Mausoleum gehören. Die drei Hauptgräben sind nun von einem Museum überbaut mit annähernd 8000 lebensgroßen Terrakottafiguren von Soldaten, Pferden und Streitwagen.

Die Einzelteile der Figuren wurden zunächst in Serie produziert, bevor man ihren Gesichtern individuelle Züge verlieh und die Details der Uniformen und Rüstungen ausarbeitete. Wenn die Plastiken dann gebrannt, bemalt und mit echten Bronzewaffen ausgestattet waren, wurden sie in Schlachtformation aufgestellt. Neben den Soldatenfiguren gibt es auch Skulpturen, die Hofbeamte, Akrobaten, Musiker oder Tiere verkörpern – ein kompletter Hofstaat also.

Das eigentliche Grab des Kaisers befindet sich kaum eine Meile von der Armee entfernt und wurde noch nicht freigelegt. Vor 2000 Jahren wurde es von dem Historiker Sima Qian beschrieben. Demnach soll es ein Abbild der diesseitigen Welt sein: mit Bergen aus Gold, Sternen aus Perlen und Edelsteinen sowie Flüssen aus Quecksilber.

MOUNT RUSHMORE
SOUTH DAKOTA, USA

Von 1927 bis 1941 sprengte und meißelte der Bildhauer Gutzon Borglum gigantische Gesichter aus dem Granit des Mount Rushmore. Sie stellen vier bedeutende Präsidenten aus der bis dahin 150-jährigen Geschichte der USA dar.

1924 wurde Borglum von Doane Robinson, dem offiziellen Historiker von South Dakota, gebeten, am Mount Rushmore eine monumentale Figurengruppe mit einem Bezug zur Geschichte des amerikanischen Westens als Touristenattraktion zu schaffen.

Borglum entschied sich für die Porträts von vier Präsidenten, die für verschiedene Phasen der nationalen Geschichte standen: Washington für die Gründung der Vereinigten Staaten, Jefferson für ihre Ausdehnung, da er ihre Fläche 1803 durch den Kauf Louisianas verdoppelte, Lincoln für die Bewahrung der staatlichen Einheit und Roosevelt für die Entwicklung zur Weltmacht. Berühmt wurden die gewaltigen Porträts auch durch Alfred Hitchcock, der Szenen seines Filmklassikers »Der unsichtbare Dritte« am Mount Rushmore drehte. 2005 wurden die Köpfe zum ersten Mal gereinigt – seither kann man einen abgebrochenen Bohrer in Washingtons linkem Augenlid erkennen.

GESCHICHTSPARK SUKHOTHAI
SUKHOTHAI, THAILAND

Von 1238 bis 1438 erblühte Sukhothai als unabhängiger Staat unter Herrschern, die den Theravada-Buddhismus zur Staatsreligion erhoben hatten.

Die Ruinen in diesem Geschichtspark sind Zeugen eines Goldenen Zeitalters der thailändischen Kultur. Die Tempelbezirke liegen dem Lauf der Sonne entsprechend auf der Ost-West-Achse. Das geistige und zeremonielle Zentrum der Stadt ist der »Tempel der großen Reliquie«, Wat Mahathat (rechts).

In der Architektur Sukhothais begegnet man neben Einflüssen der Mon-, Khmer- und singhalesischen Kultur auch rein thailändischen Formen. So wurde hier der *stupa*-Typ des *chedi* entwickelt. Während Buddha andernorts stehend, sitzend oder liegend dargestellt wird, sieht man ihn in Sukhothai auch schreitend. Charakteristisch für die thailändische Bildhauerei sind seine fließenden Gewänder und die geschwungenen Linien des Mundes, der Augenbrauen und der Nase. Das Haupt wird oft von einem flammenähnlichen Haarknoten, dem Symbol für Weisheit, bekrönt (folgende Doppelseite).

Besonders schön ist der Park beim Loi Krathong-Lichterfest: Im letzten Monat des traditionellen thailändischen Mondkalenders treiben bei Vollmond Kerzen auf dem Wasser, und die Ruinen werden kunstvoll illuminiert.

FELSENFESTUNG AUF DEM SIGIRIYA

SIGIRIYA, SRI LANKA

Von der königlichen Bergfestung sind nur die Fundamente erhalten. Erbaut wurde sie auf einem 200 Meter hohen Magmablock, der das fruchtbare Umland weithin überragt.

Buddhistische Mönche des dritten vorchristlichen Jahrhunderts waren die ersten, die in dem Vulkanfelsen Grotten anlegten. Ihre Einsiedeleien mussten im späten 5. Jahrhundert einer königlichen Wehranlage weichen: Aus Furcht vor seinem Halbbruder Moggallana, dem er die Herrschaft entrissen hatte, ließ König Kassapa (Regierungszeit 477–495) hier seine Hauptstadt errichten.

Am Fuß des Berges verlief eine Mauer mit Wassergraben, an dem zahlreiche Gärten lagen. Sigiriya bedeutet »Löwenfelsen«: Das Tor zum höher gelegenen Palastkomplex hatte die Form eines riesigen Löwen, zwischen dessen Tatzen eine Treppe durch sein geöffnetes Maul führte. Die Pfoten und einige Stufen sind alles, was vom Löwentor erhalten blieb.

Die Anlage ist bekannt für die Fresken der sogenannten »Wolkenmädchen«, erstaunlich freizügige Darstellungen graziöser Frauen, und die »Spiegelwand«, die zahlreiche Graffiti aufweist, von denen die ältesten aus dem 6. Jahrhundert stammen. Moggallana gab Sigiriya schließlich den Mönchen zurück, und jahrhundertelang befand sich hier bis zum endgültigen Verfall eine Klosteranlage.

WINTERPALAST

ST. PETERSBURG, RUSSLAND

Bis Februar 1917 war dieser grandiose Palast am Ufer der Newa die offizielle Residenz der Zaren. Heute ist er als Eremitage-Museum ein Touristenmagnet.

Der Riesenpalast mit 1500 Zimmern, 117 Treppenhäusern, 1786 Treppen und 1945 Fenstern spiegelt die einstige Macht Russlands wider. Die Hauptfassaden im Süden und Norden sind jeweils 250 Meter lang und blicken auf die Newa beziehungsweise die Stadt. Erbaut wurde das Schloss von 1754 bis 1762 für Kaiserin Elisabeth Petrowna, eine Tochter Peters des Großen; sie starb vor der Vollendung. 1764 lebte Katharina die Große hier. Von einem Berliner Kunsthändler erwarb sie 255 Gemälde, die die Grundlage der heutigen Sammlungen bilden. Im Jahr 1783 besaß die Zarin 2658 Kunstwerke – die größte Kollektion Europas.

Der Palast hat eine ereignisreiche Geschichte. Nach einem Brand 1837 musste er vollständig neu aufgebaut werden, 1917 wurde er von Revolutionstruppen gestürmt. Während der deutschen Belagerung der nun Leningrad genannten Stadt im Jahr 1941 brachte das Museumspersonal mehr als eine Million Objekte ins sichere Swerdlowsk (Jekaterinburg). Würde man übrigens jedes der 2,7 Millionen Ausstellungsstücke nur eine Minute betrachten, würde der Besuch des größten Museums Russlands mehr als fünf Jahre dauern.

TEOTIHUACÁN
MEXIKO

Die erste Metropole des alten Mexiko wurde kurz nach der Zeitenwende gegründet. Auf ihrem Höhepunkt hatte sie nicht weniger als 200 000 Einwohner, im 8. Jahrhundert jedoch wurde sie verlassen.

Die Azteken, die die Ruinenstadt nach 1100 entdeckten, nannten sie Teotihuacán (»Geburtsstätte der Götter«) und machten sie zum Schauplatz eines bedeutenden Mythos: Zwei aztekische Gottheiten sollen sich hier geopfert haben, um sich in Sonne und Mond zu verwandeln und damit als »Fünfte Schöpfung« die gegenwärtige Welt zu begründen.

Die beiden wichtigsten Baudenkmäler der Stadt werden heute als Sonnen- und Mondpyramide bezeichnet (Mitte). Bei beiden Orten finden sich Massengräber von Menschenopfern. Von der Mondpyramide führt ein breiter Weg, die Straße der Toten, drei Kilometer in Richtung Süden. Sie endet in der Ciudadela, einer abgesenkten Platzanlage mit bedeutendem Tempel.

Der Ruinenkomplex ist zur modernen Wallfahrtsstätte geworden. Im März, zur Frühjahrs-Tagundnachtgleiche, pilgern bis zu einer Million Besucher zu der nach astronomischen Kriterien angelegten Stadt. Auf der Spitze der Sonnenpyramide begrüßen sie die aufgehende Sonne – wie es vielleicht schon die Erbauer der Stadt zweitausend Jahre zuvor taten.

HÖHLE VON LASCAUX
MONTIGNAC, FRANKREICH

Die vorzeitliche Höhlenmalerei liefert uns einige der prägnantesten Beispiele für den menschlichen Versuch, sich selbst in ein Verhältnis zum Universum zu setzen.

Der Höhlenkomplex in den Bergen von Lascaux im Südwesten Frankreichs wurde 1940 von vier Jungen zufällig beim Spielen entdeckt. Der Ort wird gelegentlich die »Sixtinische Kapelle der Steinzeit« genannt, da die Wände der Höhlenkammern mehr als 2000 Figuren zeigen, die vor ungefähr 16 000 Jahren gemalt wurden. Die Gemälde entstanden vielleicht aus dem Bedürfnis heraus, den Menschen auf eine magische Weise mit der Tierwelt zu verbinden. In der sogenannten Rotunde oder »Halle der Bullen« findet man die dramatischsten Darstellungen des Höhlenkomplexes: Auf den weißen Kalkwänden wurden die Figuren von Auerochsen, Pferden und anderen Tieren in schwarzen Umrissen angelegt und dann mit roten, braunen und gelben Mineralfarbstoffen ausgemalt. Die Auerochsen (rechts) auf der Nordwand gehören zu einem zusammenhängenden Bild; einer der Bullen ist ungefähr 5 Meter lang.

Die Öffentlichkeit hat mittlerweile keinen Zutritt mehr zu der Höhle. Zu schwer waren die Schädigungen durch die Atemluft der Besucher. Ganz in der Nähe jedoch befindet sich Lascaux II, eine akkurate Kopie der zwei Hauptkammern der Höhle.

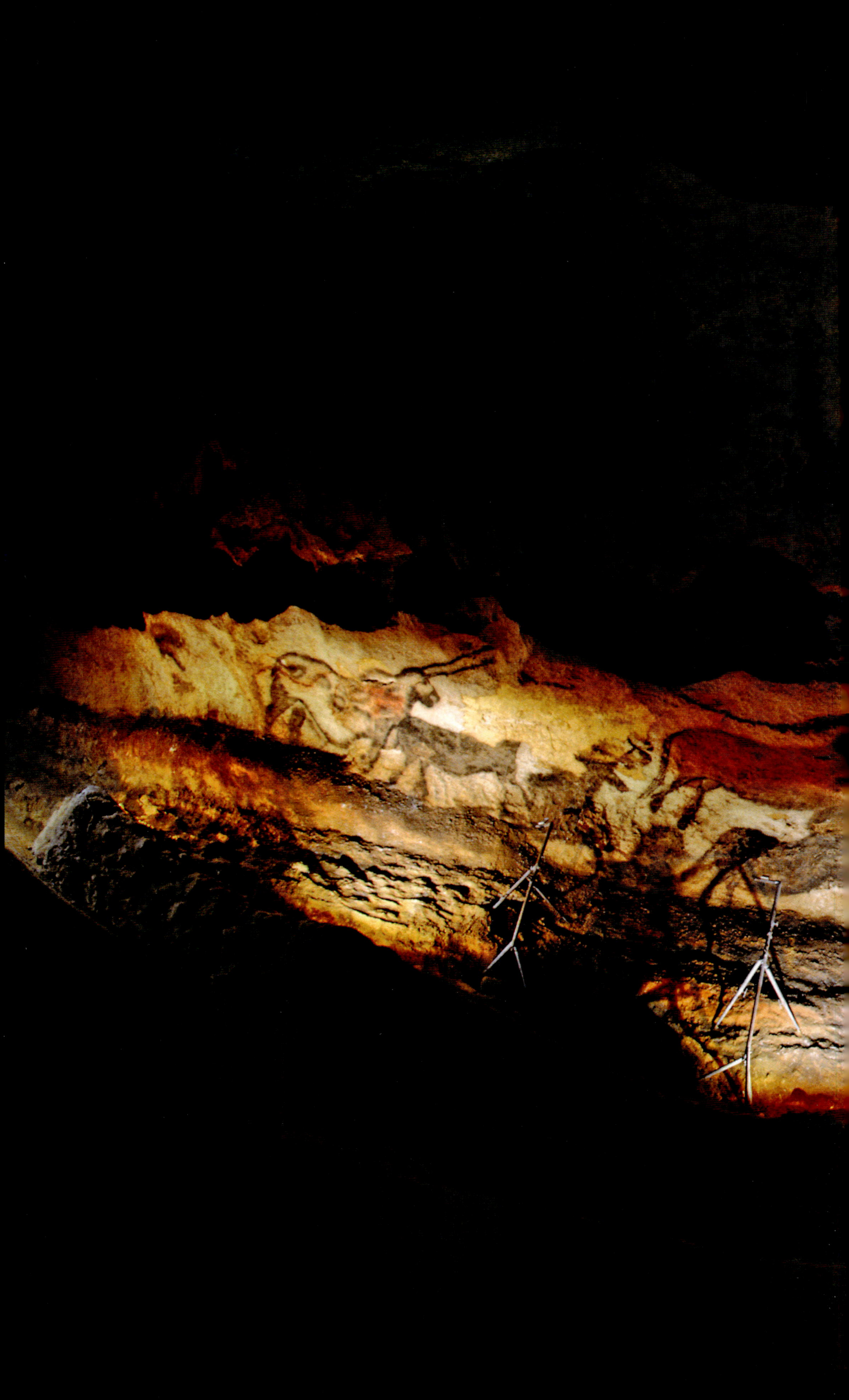

PIAZZA DEL CAMPO
SIENA, ITALIEN

Der fächerförmige Platz geht auf das späte 12. Jahrhundert zurück. In Siena nur als il Campo (»das Feld«) bekannt, ist er seit 900 Jahren der wichtigste Schauplatz für die kommunale Selbstdarstellung der stolzen Stadt und Austragungsort der bekannten Reitturniere.

Einst befand sich an dieser Stelle der Marktplatz, der zu keinem der historischen Viertel gehörte, in die Siena eingeteilt war. Ursprünglich groß genug, um die gesamte Einwohnerschaft aufzunehmen, wurde der Platz vor allem für Veranstaltungen, Festumzüge oder Hinrichtungen genutzt.

In einer Zeit, in der auch in anderen europäischen Städten die kommunalen Gebäude mit den sakralen in Konkurrenz traten, herrschte der sienesische Neunerrat vom Palazzo Pubblico (1288–1310) mit der mächtigen Torre del Mangia (1338–1348) aus: Die Dimensionen des Kommunalpalasts wetteiferten mit der Kathedrale der Stadt. Noch heute dominieren diese beiden Bauwerke die Piazza und ihre Umgebung, deren Pflasterung von 1349 mit ihren neun keilförmigen Segmenten symbolisch auf das Regime des Neunerrats verweist.

Im Juli und August drängen Tausende auf den in eine Rennbahn verwandelten Platz: Beim Palio treten die Vertreter der 17 Stadtviertel zu einem Wettrennen auf ungesattelten Pferden gegeneinander an.

BAR CAFFETTERIA AL MANGIA

UNGARISCHES PARLAMENTSGEBÄUDE
BUDAPEST, UNGARN

Als das »Haus der Nation« *(Országház)* von 1885 bis 1904 am östlichen Ufer der Donau errichtet wurde, war es das größte Parlamentsgebäude der Welt.

1880 genehmigte der Reichstag einen Parlamentsbau in der aus den Teilen Buda, Pest und Óbuda bestehenden Stadt. Imre Steindl, der den Architektenwettbewerb gewann, sah als Standort die flussnahe Ebene seines Geburtsorts Pest vor – das Parlament lag damit in der Bürgerstadt und war von Buda, der alten Hauptstadt mit ihrer Königsburg und ihren Adelspalästen, bestens sichtbar.

Die Bauarbeiten begannen 1885, und das Ergebnis ist ein Stilmix aus neugotischem Außenbau (inspiriert von den Houses of Parliament in London) und Innenräumen mit barocken, byzantinischen und Renaissance-Elementen. Fast 250 Skulpturen und Wappen schmücken das Gebäude. In der zentralen, sechzehneckigen Kuppelhalle wird die berühmte Stephanskrone gezeigt.

Die Höhe des Bauwerks von 96 Metern erinnert an das Jahr 896, in dem das Fürstentum Ungarn gegründet wurde, und an 1896, als das neue Parlament eingesetzt wurde. Damit war die einstige Klage des patriotischen Dichters Mihály Vörösmarty – »Der Nation fehlt ein Heim.« – hinfällig. Tragisch nur, dass Steindl erblindete, bevor sein Meisterwerk vollendet war.

OASENSTADT AL-AIN
AL-AIN, VEREINIGTE ARABISCHE EMIRATE

Die Stadt al-Ain liegt mit ihren sieben Oasen an der alten Karawanenstraße durch den Oman. Die Spuren menschlicher Besiedlung reichen vier Jahrtausende zurück.

Im Fort al-Jahili (rechts) in der Nähe des heutigen Stadtzentrums, Ende des 19. Jahrhunderts erbaut, wurde 1918 der spätere Scheich Zayed bin Sultan Al Nahyan, der Begründer der Vereinigten Arabischen Emirate, geboren. Das Fort war eine der vielen hier im 19. und frühen 20. Jahrhundert angelegten Befestigungen. Sie sollten der Herrscherfamilie von Abu Dhabi helfen, die sich gegenseitig bekriegenden Stämme zu befrieden und ihre Kontrolle über die Palmenoasen zu festigen. Fruchtbar war al-Ain, die »Gartenstadt des Arabischen Golfs«, dank eines traditionsreichen Bewässerungssystems, des *falaj*.

Al-Jahili diente gleichzeitig als Sommerresidenz der Familie Al Nahyan. Bis zur Abschaffung des Sklavenhandels in den 1960er-Jahren war es Teil jener alten Handelsroute, die ihre blutige Spur vom subsaharischen Afrika bis an den Persischen Golf zog. Das Fort beherbergt heute eine Dauerausstellung über den britischen Abenteurer Sir Wilfred Thesiger, der von den Bewohnern respektvoll «Mubarak bin London« genannt wurde. Die Durchquerung der heute als Rub' al-Chali (»Leeres Viertel«) bekannten Wüste führte ihn nach 1945 auch nach al-Ain.

MONT SAINT-MICHEL
NORMANDIE, FRANKREICH

Die Gezeiteninsel war neben Rom und Santiago de Compostela über ein Jahrtausend lang eines der wichtigsten Wallfahrtsziele der westlichen Welt. So mancher vermutet, sie liege auf einer spirituellen Kraftlinie.

Im Jahr 709 wurde der erste Kirchenbau auf der Insel geweiht, 966 ließen sich Benediktinermönche auf dem Eiland nieder. Die Hauptgebäude sind heute die Abteikirche mit ihrem romanischen Langhaus (1122–1135) und der »Merveille« genannte Bau, in dem die Mönche lebten. Zu Füßen des Klosters entwickelte sich eine mittelalterliche Stadt.

Im Hundertjährigen Krieg wurde die Anlage durch dicke Mauern befestigt. So konnten die Bewohner einer dreißigjährigen Belagerung standhalten. Jahrhunderte später, in der Zeit der Französischen Revolution, wurde die Abtei geschlossen und bis 1863 als Gefängnis genutzt. Erst 2001 kehrte eine religiöse Gemeinschaft an den traditionsreichen Ort zurück. St. Michael's Mount in Cornwall ist übrigens eine Tochtergründung.

Damit der Mont Saint-Michel eine Gezeiteninsel bleibt – durch die Strömung hat sich in der Bucht Schlick abgelagert – ist ein spezieller Damm gebaut worden, dessen Wirkung in ein paar Jahren spürbar werden sollte: Man hofft, dass die Flut dann heftig aufläuft und den Schlick um die Insel fortspült.

TIAN TAN BUDDHA
HONGKONG, CHINA

Der monumentale Bronzebuddha auf dem Gipfel des Muk Yue auf der Insel Lantau wurde 1993 eingeweiht. Die Statue steht für den neu begründeten Reichtum Chinas, die Stabilität Hongkongs und den Weltfrieden.

Der »Große Buddha« ist 34 Meter hoch und blickt hinab auf das Kloster Po Lin, Hongkongs größtes buddhistisches Heiligtum. Dessen Mönche ließen sich in den 1970er-Jahren auf Reisen in Japan und Taiwan von den monumentalen Figuren in Kamakura und Zhanghua inspirieren. Sie erkannten, welch starken geistlichen Trost ein neu errichteter Buddha in Hongkong zu spenden in der Lage sein würde.

Aus 202 Bronzeteilen gefertigt, die auf einen Stahlrahmen montiert sind, sitzt die Figur mit untergeschlagenen Beinen auf einem Lotosthron. Anders als die übrigen Buddhastatuen Chinas, die in der Regel nach Süden blicken, wendet sie sich dem Nordosten und damit Peking zu.

Der Muk Yue, der früher nur schwer zugänglich war, ist mittlerweile zu einem Hauptanziehungspunkt von Hongkong geworden. Auf den nahegelegenen Hügeln verläuft der Pfad der Weisheit, der ein monumentales kalligrafisches Kunstwerk darstellt: 38 Baumstämme bilden eine liegende Acht (als Zeichen der Unendlichkeit), in die das 260 Wörter umfassende Herz-*sutra*, ein buddhistisches Lehrgedicht, eingeschrieben ist.

FELSWOHNUNGEN
KAPPADOKIEN, TÜRKEI

Die geisterhafte, unwirkliche, aber bezwingend schöne Landschaft verdankt ihre Existenz dem Wirken unterschiedlicher Kräfte – geologischer, klimatischer und menschlicher Art.

Vor Jahrmillionen hinterließ ein Vulkanausbruch eine Tuffschicht, auf der sich Basaltberge türmen. Über lange Zeiträume hinweg erodierten sie zu zum Teil über 30 Meter hohen, kegelförmigen Gebilden. Die Menschen stellten früh fest, dass sich das weiche Gestein leicht bearbeiten lässt – und dass es an der Luft hart wird. Die aus dem Stein gegrabenen, labyrinthartigen Wohnungen und Korridore, deren Zugänge durch das Vorrollen großer Steine verschlossen werden konnten, boten Schutz vor Plünderern, sodass sich ganze Felsstädte entwickelten.

Die eindrucksvollsten Bauten aber dienen religiösen Zwecken. Seit byzantinischer Zeit entstanden Hunderte von Kirchen, die oftmals reiche Innendekorationen aufweisen. Uchisar unweit des Tals von Göreme (rechts) ist übersät mit solchen Andachtsorten, es gibt dort aber auch Höhlenwohnungen, gekühlte Getreidespeicher und Viehställe.

Die surreale Landschaft ist ein Touristenmagnet. Beliebt sind Aufenthalte in einem Felshotel und Flüge im Heißluftballon. Die größte Bedrohung für diese einmalige Stätte stellen allerdings genau jene Naturkräfte dar, denen sie ihre Existenz verdankt.

ROTER PLATZ
MOSKAU, RUSSLAND

Seit Jahrhunderten ist den Bewohnern von Moskau dieser Platz vertraut. Wer ihn einmal gesehen hat, versteht, warum sein Name – *krasnaja ploschtschad* – ursprünglich »schöner Platz« bedeutete.

Der Ort ist ein Kronzeuge russischer Geschichte, denn hier spielten sich öffentliche Hinrichtungen und Aufstände ebenso ab wie politische Tragödien, Machtdemonstrationen und Aufmärsche. In jüngster Zeit kamen kommerzielle Veranstaltungen wie Modeschauen und Konzerte hinzu. Die Ostseite wird vom berühmten Warenhaus GUM eingenommen, während das Lenin-Mausoleum und die mächtigen Mauern und Türme des Kreml, des Respekt einflößenden Zentrums weltlicher Macht, die gegenüberliegende Seite dominieren.

Den meisten Besuchern jedoch raubt der Anblick der orthodoxen Basilius-Kathedrale (1555–1560) am südlichen Ende des Platzes den Atem. Um ihren Hauptturm sind sternförmig acht Kapellen angeordnet, die militärischer Siege gedenken. Die Kuppeln erinnern an islamische Vorbilder (byzantinische wären zu fragil für den Schnee des russischen Winters gewesen) und bieten heute mit ihrer dekorativen Vielfalt einen überwältigenden Anblick. Bis ins 17. und 18. Jahrhundert jedoch waren sie vergoldet, während das übrige Gebäude weiß getüncht war.

CLIFF PALACE
MESA VERDE, COLORADO, USA

Die Anasazi errichteten diesen Wohnkomplex um das Jahr 1200 in einem zerklüfteten Tafelberg am Cliff Canyon. Die größte Halbhöhlenwohnung Nordamerikas liegt 2400 Meter hoch.

Der Cliff Palace erstreckt sich über eine Fläche von 30 auf 20 Metern und ist eine von ungefähr 600 Höhlenwohnungen, die von den amerikanischen Ureinwohnern bei Mesa Verde angelegt wurden. Die Anasazi (Navajo für »Alte Feinde«) waren Jäger und Sammler, die auf den Tafelbergen Landwirtschaft betrieben. Um die Mitte des 12. Jahrhunderts begannen sie Höhlenwohnungen zu bauen, kaum hundert Jahre später zogen sie weiter nach Süden.

90 Prozent der zahllosen Felswohnungen am Mesa Verde haben maximal zehn Zimmer. Der Cliff Palace aber umfasst 151 Zimmer, 23 *kivas* (kreisrunde unterirdische Räume, die nur über eine Leiter von oben zugänglich waren) und viele Freiplätze für die 100 bis 120 Bewohner.

Bedenkt man, dass die Baumaterialen – Kalkstein und Holzbalken – an diese schwer zugänglichen Plätze geschafft werden mussten, muss es einen triftigen Grund für die Lage der Wohnungen gegeben haben, kriegerische Auseinandersetzungen vielleicht oder klimatische Veränderungen. Erstaunlich ist, dass die Temperatur in den *kivas* das ganze Jahr hindurch konstant bleibt: Im Sommer ist es angenehm kühl, im Winter reicht ein kleines Holzfeuer.

GRAND-PLACE
BRÜSSEL, BELGIEN

Der imposante Marktplatz Brüssels, die Grand-Place oder der Grote Markt, ist sicherlich die markanteste Sehenswürdigkeit der Altstadt. Seine Pracht erinnert an Flanderns große Vergangenheit als Handelsnation.

Es sind vor allem die Schmuckfassaden der Gildenhäuser, die dem Brüsseler Hauptplatz seinen spezifischen Reiz verleihen. Die relativ einheitliche Gebäudehöhe sorgt für einen geschlossenen Eindruck, während die vielfältigen Schmuckelemente von selbstbewusster Individualität künden.

Gegenüber dem Rathaus (erbaut 1401–1455), dem Sitz der kommunalen Gewalt, liegt das »Haus des Königs« oder »Brothaus« (rechts im Bild). Als Sitz des Herzogs von Brabant sollte es für die Macht des Adels stehen, die um 1500 angesichts des Aufstiegs einer neuen Kaufmanns- und Handelsherrenschicht zu verblassen begann. Als die Grand-Place 1695 nach einem verheerenden Bombardement durch die Franzosen wieder aufgebaut wurde, war dies vor allem der Energie und der Finanzkraft der Gilden zu verdanken. So sind es heute die früheren Zunfthäuser (erbaut um das End des 17. Jahrhunderts), die das »Brothaus« flankieren. Rechts von ihm steht das Haus De Duif/Le Pigeon (»die Taube«), in dem der aus Frankreich ausgewiesene Victor Hugo 1852 lebte.

AÏT BENHADDOU
OUARZAZATE, MAROKKO

Die Lehmarchitektur in Marokko wird an vielen Orten von lokalen Einflüssen der Berber geprägt. Die Gebäude bestehen aus gestampftem Lehm, Kies und in der Sonne getrockneten Ziegeln. Wenn man sie aufgibt, werden sie dank ihrer natürlichen Baumaterialien wieder ein Teil der Natur.

Die bekanntesten Bauformen sind der *ksar* und die *kasbah*. Als *ksar* wird eine Siedlung bezeichnet, die als Verteidigungsanlage inmitten ihrer landwirtschaftlich genutzten Umgebung gedacht war. Eine *kasbah* ist zwar eigentlich der befestigte Teil innerhalb einer Stadt, im südlichen Marokko und im Hohen Atlas jedoch wird mit dem Wort etwas anderes verbunden: eine große Wehrsiedlung mit spektakulären Wohntürmen, verziert mit geometrischen Mustern.

Die Gegend um Ouarzazate, am Zusammenfluss dreier Flüsse und an der Route in die Sahara, war einst ein Stützpunkt des mächtigen El-Glaoui-Clans. Er beherrschte Marrakesch und kontrollierte von seinen zahlreichen *kasbahs* aus den Süden Marokkos. Die Stadt Ouarzazate wuchs, nachdem sich die französische Fremdenlegion in der Zeit des Protektorats mit den El Glaouis verbündete und hier in den 1920er-Jahren einen Außenposten einrichtete. Das gut erhaltene Aït Ben-Haddou (rechts) war Schauplatz zahlreicher Dreharbeiten, unter anderem für den Filmklassiker »Lawrence von Arabien«.

EILEAN DONAN CASTLE
KINTAIL, SCHOTTLAND

Wie ein perfektes Postkartenmotiv wirkt die Burg an der Route zur Insel Skye im Westen Schottlands. Eilean Donan wird denn auch als »das Schloss der Träume« bezeichnet.

»Donáns Insel« liegt an der buchtenreichen Küste der schottischen Highlands. Sie besitzt eine Süßwasserquelle, weshalb sich im 6. Jahrhundert eine keltisch-christliche Gemeinschaft hier, am Schnittpunkt dreier Meeresbuchten, niederließ. Die erste Burg jedoch wurde erst im 13. Jahrhundert erbaut, als Schutz der Territorien der »Lords of the Isles« (Herren der Inseln). Vermutlich nahm diese Anlage einmal die gesamte Inselfläche ein.

Während des Jakobiter-Aufstands von 1715 landeten einige hundert Spanier vor der Insel. Sie legten in der Burg ein Pulvermagazin an und warteten auf Waffenlieferungen aus der Heimat, die freilich nie eintrafen. Britische Regierungstruppen besetzten und zerstörten die Festung, die daraufhin zwei Jahrhunderte lang in Ruinen lag. 1911 wurde sie dann von Colonel John MacRae-Gilstrap gekauft.

Der Steinmetz Farquhar MacRae behauptete, er hätte im Traum alle Einzelheiten der ursprünglichen Anlage gesehen, und so wurde Eilean Donan Castle von 1920 bis 1932 wieder aufgebaut. Erst später entdeckte man in einem Edinburgher Archiv die Originalpläne, die sich, kaum zu glauben, tatsächlich mit dem Nachbau deckten.

BILD NACH WEIS

Titelbild: © John Lund/Getty; **Buchrückseite:** © Frans Lemmens/Getty (oben), © Keren Su/Getty (Mitte), © Steve Kelly/Getty (unten); **Seiten 08-09:** © Michael Poliza/Getty; **10-11:** © Frans Lemmens/Getty; **12-13:** © Luigi Vaccarella/Sime/Photononstop; **14-15:** © Tim E White/Getty; **16-17:** © Stefano Politi Markovina/Getty; **18-19:** © Juergen Ritterbach/Vario Creative/Photononstop; **20-21:** © Robbie Fair/Getty; **22-23:** © David Clapp/Getty; **24-25:** © Kevin Schafer/Peter Arnold/Getty; **26-27:** © Peter Adams/Getty; **28-29:** © Jake Rajs/Getty; **30-31:** © altrendo travel/Getty; **32-33:** © Magdalena Biskup Travel Photography/Getty; **34-35:** © Grant Faint/Getty; **36-37:** © Ugurhan Betin/Getty; **38-39:** © Frans Lemmens/Getty; **40-41:** © Luca Tettoni/Getty; **42-43:** © George Steinmetz/Corbis; **44-45:** © Sylvain Sonnet/Corbis; **46-47:** © Biosphoto/Michel Gunther; **48-49:** © Jason Hawkes/Corbis; **50-51:** © Serge Potier; **52-53:** © Jose Fuste Raga/Corbis; **54-55:** © Mauritius/Photononstop; **56-57:** © Andrey Artykov/Getty; **58-59:** © Scott Barbour/Getty; **60-61:** © Rieger Bertrand/hemis.fr/Getty; **62-63:** © Frank Lukasseck/Corbis; **64-65:** © 2010 Steve Kelley/Getty; **66-67:** © Flavio Veloso/Getty; **68-69:** © Siegfried Martin/Bilderberg/Photononstop; **70-71:** © Keren Su/Getty; **72-73:** © Glowimages/Getty; **74-75:** Guido Alberto Rossi/Tips/Photononstop; **76-77:** © mbbirdy/Getty; **78-79:** © max homand/Getty; **80-81:** © Paul Biris/Getty; **82-83:** © Radius Images/Corbis; **84-85:** © Jeremy Woodhouse/Getty; **86-87:** © SIME/Damm Fridmar/Sime/Photononstop; **88-89:** © Louis Laurent Grandadam/Corbis; **90-91:** © Sylvain Sonnet/Corbis; **92-93:** © Biosphoto/Wilfried Louvet; **94-95:** © Julia Cumes/ZUMA Press/Corbis; **96-97:** © Kazuyoshi Nomachi/Corbis; **98-99:** © Yoshikazu Onishi/Getty; **100-101:** © PhotoStock-Israel 2009/Getty; **102-103:** © Atlantide Phototravel/Corbis; **104-105:** © 2012 Wei Fang/Getty; **106-107:** © Juliet White/Getty; **108-109:** © Serge Potier; **110-111:** © George Steinmetz/Corbis; **112-113:** © George Steinmetz/Corbis; **114-115:** © Marco Cristofori/Robert Harding World Imagery/Corbis; **116-117:** © Richard I'Anson/Getty; **118-119:** © Andrea Thompson Photography/Getty ; **120-121:** © 2011 Ania Blazejewska/Getty; **122-123:** © Serge Potier; **124-125:** © Serge Potier; **126-127:** © Atlantide Phototravel/Corbis; **128-129:** © Angelo Cavalli/Tips/Photononstop; **130-131:** © Gavin Hellier/JAI/Corbis; **132-133:** © Rieger Bertrand/hemis.fr/Getty; **134-135:** © Best View Stock/Getty; **136-137:** © Sylvester Adams/Getty; **138-139:** © Michele Falzone/Getty; **140-141:** © Rungroj Yongrit/epa/Corbis; **142-143:** © John Elk/Getty; **144-145:** © Merten/Getty; **146-147:** © Rainer Martini/Look/Photononstop; **148-149:** © Ethel Davies/Getty; **150-151:** © Paul Pratt Photography/2009 Kulay Photography/Getty; **152-153:** © George Steinmetz/Corbis; **154-155:** © Riccardo Spila/Grand Tour/Corbis; **156-157:** © Ethel Davies/Robert Harding World Imagery/Corbis; **158-159:** © Tibor Bognár/Corbis; **160-161:** © Jose Fuste Raga/Corbis; **162-163:** © gulfimages/Getty; **164-165:** © Per-Andre Hoffmann/Getty; **166-167:** © Mauritius/Photononstop; **168-169:** © Dale Boyer/Getty; **170-171:** © O. Louis Mazzatenta/Getty; **172-173:** © Richard Roscoe/Stocktrek Images/Corbis; **174-175:** © Luca I. Tettoni/Corbis; **176-177:** © Buena Vista Images/Getty; **178-179:** © Luis Davilla/Getty; **180-181:** © Marc Schlossman/Getty; **182-183:** © Pablo Grillone/Getty; **184-185:** © Sisse Brimberg/Getty; **186-187:** © Image Source/Getty; **188-189:** © Sylvain Sonnet/Corbis; **190-191:** © 2010 slod300/The sunny side/Getty; **192-193:** © John Lawrence/The Travel Library; **194-195:** © Laurie Noble/Getty; **196-197:** © 2002 Andras Jancsik/Getty; **198-199:** © Vladimir Zakharov/Getty; **200-201:** © Craig Aurness/Corbis; **202-203:** © Sime/Photononstop; **204-205:** © Jose Fuste Raga/Corbis; **206-207:** © Daryl Benson/Getty.